Beck'scheReihe

Denker
BsR 541

Karl Rahner ist einer der herausragenden, weltweit beachteten theologischen Denker dieses Jahrhunderts. Die vorliegende Einführung skizziert seinen Ansatz in seinen Voraussetzungen, seiner Entwicklung und seiner Wirkung. Sie zeigt, daß Rahners Denken für die theologische und philosophische Diskussion der Gegenwart von Bedeutung bleibt.

Albert Raffelt, promovierter Theologe und Lehrbeauftragter für dogmatische Theologie an der Universität Freiburg im Breisgau, ist wissenschaftlicher Bibliothekar an der Universitätsbibliothek Freiburg und Mitherausgeber der „Sämtlichen Werke" Karl Rahners.

Hansjürgen Verweyen ist ordentlicher Professor für Fundamentaltheologie an der Universität Freiburg im Breisgau. Seine Hauptarbeitsgebiete sind Fundamentaltheologie, systematische Theologie und Geschichte der neueren Philosophie.

Die Reihe „Denker" wird herausgegeben von Otfried Höffe, Professor für Philosophie an der Universität Tübingen.

ALBERT RAFFELT
HANSJÜRGEN VERWEYEN

Karl Rahner

VERLAG C.H.BECK

Mit 2 Abbildungen
(Abdruck mit freundlicher Genehmigung der
Karl-Rahner-Stiftung, München)

Die Deutsche Bibliothek – CIP Einheitsaufnahme

Raffelt, Albert:
Karl Rahner / Albert Raffelt; Hansjürgen Verweyen. –
Orig.-Ausg. – München : Beck, 1997
(Beck'sche Reihe ; 541 : Denker)
ISBN 3 406 41941 0

Originalausgabe
ISBN 3 406 41941 0

Umschlagentwurf: Uwe Göbel, München
Umschlagabbildung: Süddeutscher Verlag, Bilderdienst
© C. H. Beck'sche Verlagsbuchhandlung (Oscar Beck), München 1997
Gesamtherstellung: C. H. Beck'sche Buchdruckerei, Nördlingen
Gedruckt auf säurefreiem, alterungsbeständigem Papier
(hergestellt aus chlorfrei gebleichtem Zellstoff)
Printed in Germany

Inhalt

Zitierweise und Abkürzungen 7

Einleitung 9

I. Familie, Ordenseintritt, Studien 13

II. Die „philosophische" Zeit 17
   1. Quellen 17
   2. Philosophische Anfänge 21
   3. „Geist in Welt" 28
   4. „Hörer des Wortes" 40
   5. „Worte ins Schweigen". 51

III. Der Beginn theologischer Lehrtätigkeit 54
   1. Kleinere Arbeiten zur Frömmigkeitsgeschichte.. 54
   2. Gnadenlehre – die Mitte der Theologie 56
   3. Theologie und Anthropologie – weitere Grundlagenfragen 63

IV. Die Entfaltung der Theologie................ 72
   1. Arbeitsstil 72
   2. Kirche und Heil 75
   3. Theologie des Todes.................... 81
   4. Mariologie 85
   5. „Natur" und „Gnade" 88
   6. Christologie........................... 93

V. Äußere Streuung – innere Synthese 98
   1. Der Konzilstheologe 98
   2. „Grundkurs des Glaubens" 106

VI. Das Spätwerk 119

Ausblick 128

Anhang
    Zeittafel............................... 134
    Literatur 135
    Personenregister....................... 140
    Sachregister 142

Zitierweise und Abkürzungen

Die Schriften Rahners werden (soweit nicht bewußt frühere Textfassungen verwendet werden) nach der Ausgabe *Sämtliche Werke* (SW) oder nach den Sammelbänden der *Schriften zur Theologie* (ST) zitiert. Alle anderen Texte werden mit Jahres- und Seitenzahl angegeben. Bei der Sekundärliteratur werden Verfassername, Erscheinungsjahr und Seitenzahl genannt. Die Auflösungen finden sich im Literaturverzeichnis. Bei unveröffentlichten Rahner-Texten wird die Archiv-Signatur des Karl Rahner-Archivs, Innsbruck, angegeben.

DH	Denzinger, Heinrich; Hünermann, Peter (Hrsg.): Kompendium der Glaubensbekenntnisse und kirchlichen Lehrentscheidungen, Freiburg ^{37}1991
GA	Gesamtausgabe
GuL	Zeitschrift „Geist und Leben"
HerBü	Herder-Bücherei
KRA	Karl Rahner-Archiv, Innsbruck (mit Archivnummer)
QD	Reihe „Quaestiones disputatae" (Freiburg).
SJ	Societas Jesu. Offizielle Abkürzung des Jesuitenordens
ST	Karl Rahner: Schriften zur Theologie
SW	Karl Rahner: Sämtliche Werke
ZAM	„Zeitschrift für Aszese und Mystik"
ZKTh	„Zeitschrift für katholische Theologie" (Innsbruck)

Einleitung

Eine Einführung in das Werk Karl Rahners kann verschiedene Schwerpunkte wählen. Sie kann den Akzent auf den Lebensweg setzen und seine Stationen in Beziehung zum Werk stellen; sie kann von Personen und Einflüssen ausgehen; sie kann sich ganz auf das Werk selbst konzentrieren – und auch dies ist wiederum auf sehr verschiedene Weisen möglich.

Eine *Biographie* Karl Rahners zu schreiben, wäre ein recht nüchternes Unterfangen. Spannung ließe sich nicht einmal aus der Perspektive privater Indiskretionen gewinnen (Rinser 1994). Das liegt sicher nicht am äußeren Rahmen: Weltgeschichtliche Umbrüche und dunkle Zeiten – Erster Weltkrieg, Ende der Monarchie, Nazizeit – gehören ebenso zu ihm wie kirchengeschichtliche Hochzeiten – das Zweite Vaticanum, der Aufbruch der Kirche als Ortskirche (Synoden) wie erstmals als Weltkirche, in der Inkulturation an die Stelle von europäisierender Mission tritt. Der enge Wirkungskreis eines Ordenshauses oder auch einer Fakultät weicht einer geradezu weltweiten Kontaktnahme ... Der Grund für das Unspektakuläre, das Rahners Leben kennzeichnet, liegt vor allem in seiner strengen Konzentration auf die theologische Arbeit, die wie ein roter Faden alles durchzieht. Farbe gewinnt dieser Lebensweg nur, wenn man sich auf die Sache einläßt, der Karl Rahner verpflichtet ist.

Diese Sache ist aber eben nur schwer zu greifen. Sie ist einmal durch eine Institution repräsentiert, die in der heutigen Gesellschaft sehr unterschiedlichen Kredit genießt, abhängig von den Kontexten, in denen sie sich äußert: die Kirche. Der Jesuitenorden, dem Karl Rahner angehörte, ist in ganz besonderer Weise an die Institution „Katholische Kirche" und an das Papsttum gebunden. Die Sache ist zweitens die Theologie. Im Rahmen der heutigen theoretisch und gesellschaftlich rele-

vanten Diskussionen erscheint auch die Theologie in einer zwiespältigen Rolle. Sie ist vielen suspekt als eine veraltete Form von Daseinsbewältigung, die den Ansprüchen moderner Rationalität (und postmoderner Irrationalität) nicht mehr genügen kann und sich nur durch die Befriedigung von schwer ausrottbaren Sehnsüchten und Bedürfnissen nach Kontingenzbewältigung lebendig erhält. In diesem verkürzten Sinne als Ausdruck von Religion allgemein wird ihr sogar in verstärktem Maße wieder ein Daseinsrecht zugestanden. Ob institutionalisierte, in einer langen Tradition begrifflich reflektierte christliche Religiosität in diesen zwiespältigen Situationen noch eine Stimme hat, wird aber immer mehr zur Frage. In dieser Fraglichkeit steht heute das Werk eines jeden christlichen Theologen. Für ein vor mehr als zehn Jahren abgeschlossenes und bereits vor einem Dreiviertel-Jahrhundert in

seinen Grundzügen konzipiertes Werk gilt das in verstärktem Maße.

Wir haben uns für unsere Darstellung entschlossen, biographische Details auf ein Minimum zu beschränken, aber die enormen Spannungen des Rahmens nicht aus dem Auge zu verlieren, in dem Person und Werk Karl Rahners angesiedelt sind. Spannungen kennzeichnen in der Tat seinen gesamten Lebensweg: Der Ausbildungsgang im Orden ist keineswegs geradlinig. Die Theologie Rahners enthält manche Polyphonien, der Weg seines Schaffens ist zudem von mannigfachen Kontroversen begleitet. Ein kritischer Zug tritt in den letzten Jahrzehnten deutlicher zutage, auch wenn man dabei ein wenig Selbststilisierung in Rechnung stellt, wie sie „zornigen alten Männern" eignet. Dieser kritische Zug bleibt bedenkenswert, gerade weil Rahner nie ein „homme révolté" war, bewußt aus sehr traditionellen Quellen schöpfte und sich selbst auch als „Systemtheologen" bezeichnen konnte.

Das Hauptgewicht dieses Buches liegt auf der Nachzeichnung der Werkgeschichte und der darin ans Licht tretenden systematischen Brennpunkte. Bei einem über 4000 Titel umfassenden Oeuvre kann hier natürlich keine Vollständigkeit, nicht einmal eine einigermaßen repräsentative Exemplarität angestrebt werden. Da es in unserem Zusammenhang um den Denker Rahner geht, wurde das Augenmerk vor allem auf die grundlegenden frühen Arbeiten und die späten Synthesen gerichtet. Dieser eingeschränkte Blick kann und muß zweifellos durch andere Perspektiven ergänzt werden. Daß die beiden Autoren aus unterschiedlicher Richtung an das Werk Rahners herangehen, ist bekannt. Dieser Umstand muß aber nicht unbedingt von Nachteil sein, wie eine analoge Arbeit am Werk Blondels gezeigt hat. Beide tragen jedenfalls den vorgelegten Text voll mit. Deshalb wurden auch keine Anteile erkennbar markiert.

Wenn das Büchlein das Andenken an einen der größten Theologen dieses Jahrhunderts wachhält und zu einer kritischen Auseinandersetzung mit seinem Werk anregt, hat es seinen Zweck erfüllt.

I. Familie, Ordenseintritt, Studien

„Ja, ich bin natürlich in einer ganz normal-christlichen, nicht bigotten Familie katholischen Bekenntnisses aufgewachsen, zusammen mit sechs anderen Geschwistern. Ich bin auf einer normalen Mittelschule gewesen, habe dort mein Abitur gemacht, und bin dann in den Jesuitenorden eingetreten. Und wenn man das tut, dann will man ja Priester werden, will Ordensmann in einer Gemeinschaft sein, und die Aufgabe dieses Jesuitenordens ist Seelsorge und Mission, Verkündigung des Evangeliums in der Heimat und in eigentlichen Missionsländern, und von da aus bin ich dann eben durch die Entwicklung, die ich in dem Orden durchgemacht habe, ohne weiteres schließlich und endlich in der eigentlich theologischen Wissenschaft gelandet. Das war eine ganz normale Laufbahn, wie sie ein deutscher Jesuit neben vielen anderen Möglichkeiten eben auch haben kann". So hat sich Karl Rahner einmal ganz spontan über seine Herkunft geäußert (1984a, 16f.).

Am 5. März 1904 in Freiburg i. Br. geboren, war er das vierte von sieben Kindern. Das nächst ältere war der 1900 geborene Bruder Hugo, der ebenfalls in den Jesuitenorden eintrat und ein bedeutender Kirchengeschichtler wurde, bekannt besonders durch seine patrologischen Forschungen und seine Arbeiten über Ignatius von Loyola. Der Vater war Lehrer. Karl besuchte 1913–1922 das Realgymnasium in Freiburg.

Die Frage nach den Einflüssen auf Karl Rahner in dieser frühen Zeit ist nicht ganz einfach zu beantworten. Selbstdarstellungen finden sich erst in seinen späteren Jahren. Sie sind meist knapp: Betont wird ein Elternhaus von einer selbstverständlichen Katholizität. Äußerungen über Schulisches sind nicht sehr ergiebig; außerhalb der Schule war die katholische Jugendbewegung von Einfluß. Karl Rahner stand dem Quickborn nahe, einer um ein „natürliches" Leben bemühten Vereinigung zur geistig-religiösen Erneuerung, die in dieser Phase stark von Romano Guardini geprägt war.

Warum von hier aus die Wahl gerade des Jesuitenordens als Lebensgemeinschaft? Gegen die Deutung, der Ordenseintritt Hugos habe eine entscheidende Sogwirkung ausgeübt, hat sich Karl gewehrt. Mit vollem Recht? Vom Ziel her läßt sich sagen, daß Karl Rahner Priester werden wollte und zwar in einer Ordensgemeinschaft. Der Jesuitenorden bot sich ihm nicht zuletzt wegen des hohen intellektuellen Anspruchs an.

1922 trat Karl Rahner in das Noviziat des Jesuitenordens in Feldkirch (Vorarlberg) ein. Er studierte 1924–1927 Philosophie an den Ordenshochschulen in Feldkirch und in Pullach bei München. Das jesuitische „Junioratsmagisterium" absolvierte er in Feldkirch-Tisis von 1927 bis 1929 und studierte danach Theologie an der Ordenshochschule in Valkenburg (Holland). 1929 wurde er in München zum Priester geweiht. Es folgte das sog. „Tertiat" in St. Andrä im Lavanttal (Kärnten). Vom Wintersemester 1934 bis zum Sommersemester 1936 studierte er an der Universität Freiburg i.Br., um seine philosophische Promotion vorzubereiten.

Die jesuitische Ausbildung ist, wie schon diese Jahreszahlen zeigen, lang. Sie umfaßt neben den theoretischen Studien Vorbereitungs- und Arbeitsphasen mit Aufgaben in der Gemeinschaft. In der ersten Hälfte des Jahrhunderts waren die Studien an den jesuitischen Hochschulen weitgehend neuscholastisch geprägt. Bei aller Variationsbreite dieser „Neuscholastik" im einzelnen herrschte allgemein doch ein restaurativer und apologetischer Zug vor. Auch in der katholischen Kirche war der Weg der Theologie im 19. und beginnenden 20. Jahrhundert von den Spannungen geprägt, die die Aufklärung, der sog. „Deutsche Idealismus" und nicht zuletzt das Aufblühen der historischen Wissenschaften hervorgerufen hatten. Während aber in den protestantischen Kirchen zumindest in Deutschland eine lebendige Auseinandersetzung mit diesem Aufbruch des Denkens stattfand – bis hin zu dem Versuch einer grundsätzlichen Vermittlung von Theologie und säkularen Wissenschaften in der „Liberalen Theologie" –, konnten sich ähnliche Aufbrüche im katholischen Raum nicht durchsetzen. Bereits der Anschluß an das moderne Denken, den die katholische Tübinger Schule versuchte (J. S. Drey, J. B. Hirscher, J. A. Möhler, F. A. Staudenmaier u.a.) wurde von Rom her energisch gebremst. Widerstand erfuhren vor allem aber dann die vielfältigen, zunächst von Frankreich ausgehenden Strömungen, die unter dem Titel „Modernismus" bekannt wurden und zu einer Reihe von scharfen lehramtlichen wie persönlichen Verurteilungen führten. Darauf wird noch näher einzugehen sein, wenn wir auf die Quellen insbesondere der Rahnerschen Philosophie zu sprechen kommen.

Die von Rom geförderte und gerade auch durch den Jesuitenorden geprägte neuscholastische Bewegung stellte den modernen Zeittendenzen die Philosophie und Theologie „der Vorzeit" (J. Kleutgen) gegenüber – wobei man fast ausschließlich an das Hochmittelalter mit herausragender Stellung des Thomas von Aquin dachte. Hier sollte die Kirche Sicherheit und Selbstand finden. Ebensowenig wie die Neugotik eine bloße Wiederholung des gotischen Stils ist, fällt die Neuscholastik mit dem scholastischen Denken zusammen. Sie war durch die cartesianische Frage nach Erkenntnisgewißheit wie durch den Empirismus nicht unbeeinflußt geblieben. Die Ontologie des Spätbarock hatte den größten Einfluß auf ihre Prägung. In vereinfachter Schulbuchform machte sie aber den Eindruck eines universalen und sicheren Auskunftmittels für alle Fragen der Gegenwart, durch jahrhundertealte Reflexion zu einem festen Felsen für die schwankende Vernunft geschliffen.

Karl Rahner hat – trotz schon früh einsetzender Kritik im Detail – das neuscholastische Denken aufgenommen und auch später noch die hier vermittelten Möglichkeiten scharfsinniger Distinktion und glasklarer Argumentation geschätzt. Anders als für seinen zeitweiligen Ordensbruder Hans Urs von Balthasar, der aus einem geisteswissenschaftlichen Studium und einem kulturell breit gefächerten Ambiente in dieses Klima geriet, war die Neuscholastik für Karl Rahner keine „Wüstenerfahrung". Seine späteren Arbeiten haben nicht zuletzt daher ihre vermittelnde Kraft auch bis in traditionellste kirchliche Kreise ausgeübt, weil sie von den Positionen der bekannten Schultheologie und -philosophie ausgingen und deren sachliche Potenz aufschließen wollten. Es wird im letzten Kapitel zu fragen sein, wie das Denken Rahners auch heute noch lebendig vermittelt werden kann, da diese Voraussetzungen auf seiten der Adressaten kaum noch gegeben sind.

K. H. Neufeld hat die Studienjahre Rahners und die Begegnung mit seinen damaligen Lehrern detailliert erforscht (Neufeld 1994, 65 ff.). Rahner selbst stellt in einer späten Äußerung von 1982 (1986, 51) heraus, daß – im Gegensatz zu dem stärker an Thomas orientierten Jesuitenstudium in Rom – bei den deutschsprachigen Jesuiten in der ersten Hälfte des 20. Jahrhunderts eine zwar selbstverständlich „mit allen kirchlichen Lehren konforme, dabei aber doch etwas dünne und blasse Neuscholastik suarezianischer Prägung" gelehrt wurde. „Mit der Moderne hatte man nicht viel zu tun. Natürlich hörte man etwas von Kant und Hegel, aber im großen und ganzen doch nur, um deren Mentalität abzulehnen. Dasselbe gilt für den Modernismus der ersten zwanzig Jahre unseres Jahrhunderts. Aber auch der Kontakt zu Thomas muß eigentlich als außerordentlich gering bezeichnet werden".

Was sich aus dieser späten Äußerung heraushören läßt, trifft ziemlich genau den tatsächlichen geistigen Horizont, in dem sich das Denken K. Rahners entwickelt hat: Er studiert sorgfältig den vorgeschriebenen scholastischen Lehrstoff – hinterfragt ihn aber auf seine ursprünglichen Quellen, insbesondere bei Thomas von Aquin. Dabei ist ihm aber bewußt, daß inzwischen ein ganz anderes Denken die Führung übernommen hat, das im offiziellen Studium nur verzerrt zu Wort kam. Hierüber versucht er sich ein unverstelltes Bild zu verschaffen mit dem Ziel, die Substanz der Tradition in einer dem Menschen der Gegenwart zugänglichen Form zu vermitteln. Auf welche Vorleistungen für diesen Weg konnte er dabei zurückgreifen?

II. Die „philosophische" Zeit

1. Quellen

Im katholischen Denken des 19. und beginnenden 20. Jahrhunderts war der französische Sprachraum führend. Nach den Wirren der Revolution hatte Napoleon durch sein Konkordat von 1801 der Kirche wieder einen (wenn auch beschränkten) Lebensraum im gesellschaftlichen Leben eröffnet. Chateaubriands berühmtes Werk *Le génie du christianisme* (1802) machte sie salonfähig. Dieser romantisch geprägte und restaurative „Geist" blieb in seiner Absage an die Aufklärung bestimmend für den französischen Katholizismus, insbesondere, als die Kirche nach der Mitte des Jahrhunderts mehr und mehr ihre öffentliche Anerkennung einbüßte und ins gesellschaftliche Ghetto geriet. Aus dem „Gallikanismus" – der engen Verbindung von Thron und Altar – wurde der „Ultramontanismus": der Versuch der französischen Kirche, im Kampf gegen die politischen und geistigen Nachkommen der „Königsmörder" Unterstützung in Rom zu finden. Das Papsttum hinwieder fand sich nach dem Verlust seiner staatlichen Macht auf diese Weise durch die „älteste Tochter der Kirche" in seiner zentripetalen und restaurativen Bewegung bestärkt.

Ein französischer Denker war es aber auch, der in dieser Situation der Enge die entscheidenden Impulse für eine gründliche Erneuerung der Theologie und Kirche gab: *Maurice Blondel*. Aus einer Familie stammend, die schon zur Zeit des Thomas von Aquin Landbesitz in Burgund hatte, lebte er aus spirituellen Wurzeln, die tiefer reichten als die Scholastik und ihre etwas künstliche Neubelebung. Sie ermöglichten es ihm auch, den atheistisch-laizistischen Habitus des nachrevolutionären Frankreichs als eine Übergangsphase der Adoleszenz auf einen umgreifenderen Horizont hin zu begreifen.

Blondel erkannte klar das Grundübel der an Thomas anknüpfenden katholischen Tradition. Im „Parterre" der sog. „natürlichen Theologie" betrieb man eine metaphysisch konzipierte philosophische Gotteslehre. Auf dem „ersten Stock" wurde theologisch die „übernatürliche" Offenbarung ausgelegt. Das Hauptproblem war dabei nicht – wie es die Augen der immer ängstlicher und darum aggressiver werdenden kirchlichen Apologeten sahen – der Anbruch eines „nachmetaphysischen" Zeitalters, dem die von alters her gesichert erscheinenden philosophischen Prinzipien als obsolet galten. Es bestand vielmehr im „Extrinsezismus": Die göttliche Offenbarung wird, dem scholastisch-neuscholastischen Konzept zufolge, in der Form von „Lehren" und „Dekreten" der menschlichen Vernunft zur verbindlichen Annahme im Glauben vorgelegt. Als äußere „Beweise" für ihre tatsächlich durch Gott erfolgte „Promulgation" gelten zwar Wunder und Weissagungen. Ungefragt bleibt aber zum einen, ob die menschliche Vernunft auf einen solchen geschichtlich ergehenden Gehorsamsanspruch überhaupt von innen her angelegt ist, und zum anderen, ob sich der Inhalt der Offenbarung innerhalb der „Rasterstruktur" des menschlichen Geistes als sinnerschließend erweist. Blondel hat sich als erster radikal dieser Frage nach der „anthropologischen" oder „transzendentalen" Vermittlung der Glaubensdinge gestellt. Nur so war es möglich, den Anschluß an die Moderne wiederzufinden, insbesondere an ihre Entdeckung der Autonomie menschlicher Verantwortung allen Geltungsansprüchen gegenüber, die von außen an uns herangetragen werden.

Seine im Jahr 1893 an der Sorbonne verteidigte Dissertation *L'Action* wird man als das wichtigste philosophische Werk für den Neuaufbruch der katholischen Theologie im 20. Jahrhundert ansehen dürfen. Was dieses Buch im Vergleich auch zu späteren Bemühungen um die anthropologische Vermittlung des Glaubens auszeichnet, ist die methodische Strenge der philosophischen Argumentation für die radikale Angewiesenheit des Menschen auf eine Offenbarung, die nicht weniger streng als schlechthin ungeschuldet anerkannt wird. Besonders bemerkenswert ist der rein phänomenologische Duktus der Beweisführung ohne jede Anleihe bei einer Metaphysik. Gegenüber der Vorherrschaft der Spekulation in der Entwicklung neuzeitlicher Metaphysik von Spinoza bis Hegel (vgl. Blondel 1992) auf der einen Seite, und dem positivistisch verengten Phänomenalismus eines Hippolyte Taine auf der anderen, untersucht Blondel, den Primat der „action" vor der Reflexion betonend, den gesamten Phänomenbereich des menschlichen „Tuns und Handelns" auf die ihm innewohnende Dialektik.

Diese Analyse weist auf, daß – vom einfachsten Phänomen sinnlicher Wahrnehmung bis hin zu den komplexesten Strukturen menschlichen Zusammenlebens – eine nicht anzuhaltende Dynamik unser Tun und Handeln bestimmt: Die je konkret gesetzten Akte des Willens („volonté voulue") bleiben von einer Ursprungsbewegung („volonté voulante") getragen, die im Endlichen nicht zur Erfüllung kommt. Die Entscheidung zwischen zwei Alternativen wird unausweichlich: Entweder man richtet sich im Raum des Verfügbaren, das unser Wollen unbefriedigt läßt, endgültig ein. Das wäre in letzter Instanz selbstzerstörerisch, weil es das innere Streben des menschlichen Existenzvollzugs willkürlich beschnitte. Oder aber wir wagen, uns auf den Anspruch eines Anderen offenzuhalten, der uns zu etwas zu führen vermag, das nicht in unserer Macht steht, auf das hin sich unsere Freiheit aber immer schon übersteigt.

Karl Rahner hat weder *L'Action* gelesen noch den „Brief" von 1896, in dem Blondel das Methodenkonzept seiner Religionsphilosophie in Auseinandersetzung mit der zeitgenössischen Apolegetik darlegt (vgl. Blondel 1974). Die bald nach ihrem Erscheinen vergriffene Dissertation von 1893 kursierte bis zu ihrem Neudruck von 1950 nur in hektographierter Form. Die Zeitschrift, in der Blondels „Brief" veröffentlicht wurde, mußte 1913 ihr Erscheinen einstellen: Der „Modernismusstreit" und der nachfolgende „Integralismus", die in der ersten Hälfte unseres Jahrhunderts ein freies Forschen in der katholischen Kirche nahezu unmöglich machten, haben eine direktere Wirkung auch der Philosophie Blondels jahrzehntelang sehr behindert.

Wie aus seiner Lektüreliste für 1932/33 (KRA IV A 150) hervorgeht, hat Rahner aber Blondels *Le problème de la philosophie catholique* (1932) gelesen, in dem Texte aus dem „Brief" von 1896 wiederaufgenommen werden, sowie Blondels *Itinéraire philosophique* (1928). D. h., er war durch eigene Lektüre mit der Philosophiekonzeption des späteren Blondel vor dessen großem Alterswerk vertraut, in dem sich Blondel dem metaphysischen und scholastischen Denken wieder annäherte.

Wesentlicher dürften allerdings indirekte Einflüsse Blondels auf Karl Rahner gewesen sein. Insbesondere über persönliche Kontakte hat Blondel bedeutende Gelehrte der französischsprachigen Zweige des Jesuitenordens geprägt, ohne deren Anstöße das Denken Rahners kaum zu verstehen ist. So verdankt die Thomasdeutung von Pierre Rousselot, die stark auf Rahner eingewirkt hat, viel der Analyse der Subjektdynamik in *L'Action*. Teilhard de Chardin, Henri de Lubac, die französische *Nouvelle théologie* der vierziger Jahre, die für den Neuaufbruch der systematischen Theologie im deutschsprachigen Raum eine nicht zu unterschätzende Geburtshilfe geleistet hat, sind von Blondel beeinflußt.

Kennzeichnend für die an der Jesuitenfakultät von Lyon-Fourvière beheimatete *Nouvelle théologie* war vor allem eine Neubelebung der Theologie durch ein intensives Studium der Kirchenväter. Auch im deutschsprachigen Raum hatte man sich verstärkt dem Studium der Patristik – gerade auch der griechischen Kirchenväter – und von Theologen wie Pascal oder Newman zugewandt, also solchen „Autoritäten", die zur offiziellen Schultheologie durch ihr flexibleres anthropologisches oder historisches Denken zwar in Spannung standen, die aber durch die Modernismuskrise nicht zu „heißen Eisen" geworden waren. Im Horizont Blondelschen Denkens bekam diese Rückbesinnung aber eine ganz neue Perspektive. Die Überwindung des „Extrinsezismus" vom Herzen der Theologie selbst her wurde nun in Angriff genommen – die Selbstauslegung des göttlichen Wortes auf das menschliche Verstehen –, nachdem Blondel philosophisch die Offenheit des Verstehens auf dieses Wort hin aufgewiesen hatte. In diesem Horizont gewann dann auch die „hermeneutische" Theologie Karl Rahners und Hans Urs von Balthasars ihren Ort.

Für die „philosophische" Zeit Rahners wurde allerdings ein anderer Zweig der Vermittlung des frühen Blondel entscheidend. Auch die Löwener Jesuiten hatten die durch ihn initiierte Umorientierung „christlicher" Philosophie schon früh wahrgenommen. Von dem führenden Kopf dieser Schule, *Joseph Maréchal* (1878–1944), wurde Rahner am nachhaltigsten beeinflußt. Kennzeichnend für diesen systematisch wie philosophiehistorisch bedeutenden Denker ist der Versuch, durch eine grundlegende Kritik von Kants *Kritik der reinen Vernunft* eine Versöhnung zwischen Scholastik und Moderne einzuleiten. Maréchal stellt – darin dem frühen Fichte verwandt – fest, daß Kant die theoretische Vernunft um eine wesentliche Brücke zur praktischen Vernunft (und damit zu einem kohärenten transzendentalen System überhaupt) verkürzt habe: Das Wörtchen „ist" in unseren Urteilen darf nicht als bloße „Kopula", als Verbindungsglied zwischen Subjekt und Prädikat, verstanden werden. Hier drückt sich vielmehr eine grundlegende und untilgbare Bewegung unserer Vernunft auf ein unbedingtes Sein aus – wie sich besonders deutlich in Versuchen zeigt, diesen Unbedingtheitscharakter unserer Seinsaffirmation zu leugnen oder zu bezweifeln: „Nichts ist wahr" oder „Alles ist zweifelhaft". Hier wird in der Sprechhandlung selbst eine Unbedingtheitsbehauptung ausgesprochen. Auf dieser „transzendentalpragmatisch" gewonnenen Basis glaubt Maréchal (und die ihm folgenden Denker), mit Hilfe des Prinzips der Finalität einen Gottesbeweis führen zu können und so schließlich das Terrain der Metaphysik für ein kritisches Philosophieren zurückzuerobern.

2. Philosophische Anfänge

Bevor wir uns näher dem Einfluß Maréchals zuwenden, wie er sich aus den frühen Arbeiten Rahners erkennen läßt, sollte wenigstens vorläufig die grundsätzliche Frage aufgeworfen werden, ob man überhaupt mit Recht von einer „Philosophie" Rahners sprechen darf. Rahners Denken wird heute fast allgemein unter dem Stichwort „transzendentale Theologie" geführt. In einigen neueren Untersuchungen wird darüber hinaus festgestellt, daß auch die Werke Rahners, die bislang als „philosophisch" charakterisiert wurden, aus einer theologischen Grundperspektive verfaßt sind (K. H. Neufeld 1994, A. Zahlauer 1996). Rahner selbst hat in späteren Jahren seine Zugehörigkeit zur Theologie, nicht zur Philosophie betont. Zur Frage nach dem Einfluß Heideggers auf sein Denken bemerkte er kurz vor seinem Tode, Heidegger habe schließlich keine Theologie doziert, und er selbst sei „eigentlich ausgesprochener Theologe und nicht ‚Philosoph'" (1986, 13).

Wie verträgt sich damit die Tatsache, daß Rahner – knapp dreiundzwanzigjährig – von seinen Oberen noch vor seinem Theologiestudium als späterer Lehrer der Philosophie vorgesehen wurde und einen entsprechenden Ausbildungsgang vor sich hatte? „21. 1. 27 Destination für Philos." findet sich als Eintragung Rahners in seinem persönlichen Notizbüchlein (KRA III E 1, vgl. SW 2, S. XIII). Zur Beantwortung unserer Frage hilft dies nicht viel weiter. Damit, daß jemand von seinen Ordensoberen zur Philosophie „destiniert" wird, ist noch kein Philosoph geboren. Über das Verhältnis von Theologie und Philosophie bei Rahner wird man adäquat nur durch eine sorgfältige Werkinterpretation befinden können.

Immerhin finden sich einige Anhaltspunkte für jene Entscheidung des Ordens. Da diese zugleich besonders aufschlußreich für das Verhältnis von Theologie und Philosophie im Denken des frühen Rahner sind, sollen sie hier etwas ausführlicher zu Wort kommen. Vielleicht läßt sich so die Frage nach dem Status transzendentalen Reflektierens bei Rahner allgemein ein Stück weiterbringen.

Am 25./26. 2. 1925 hatte der 21jährige eine philosophische Akademie in Pullach bestritten und dort ausführlich über das Buch von J. Volkelt *Gewißheit und Wahrheit* (München 1918) referiert (KRA IV A 100). Es ist bezeichnend, daß der junge Philosophiestudent sich nicht mit einer neuscholastischen Arbeit, sondern mit einem Werk aus der neuesten Philosophie auseinandersetzte, in dem es um das Erkenntnisproblem und insbesondere um die Frage ging, wie das Erkennen ein ihm selbst „Transzendentes" aufnehmen kann. Im Gegensatz zu Volkelt vertritt Rahner energisch die Möglichkeit eines „unmittelbaren vorlogischen Wissens um ein Transzendentes und seine Eigenschaften". Worin besteht dessen Bedeutung? „Unser Denken will ein Wissen sein des denkunabhängigen Seins. Soll es also ein Sein erkennen können und zwar mit der Sicherheit, daß seine Erkenntnis wahr, seinsgültig, den wirklichen am Ding bestehenden Sachverhalt erfassend ist, so müssen zwei Bedingungen gegeben sein, die uns sicher nur die unmittelbare Wahrnehmung bietet: einmal muß ich Dasein und Eigenschaften des von mir unabhängigen Seins an irgendeinem Punkt unmittelbar erschauen können, denn nur so kann ich wirklich etwas vom Ding aussagen und nicht nur vom Phänomen, nur so kann ich wirklich seinsgültige Allgemeinbegriffe bilden, die die Grundlage jeder wissenschaftlichen und zusammenhängenden Erkenntnis ausmachen, nur so ist die Seinsgültigkeit der Erkenntnis gesichert." Zweitens sei „nur so durch unmittelbares Wahrnehmen möglich, sicher zu erkennen, daß meine logischen Gesetze wirklich Seinsgesetze sind, mit deren Hilfe ich [...] die tieferen Seinszusammenhänge erschließen kann, die der unmittelbaren Erfahrung nicht mehr zugänglich sind". So baue sich schließlich „das ganze Reich der Wahrheit, die wir Menschen besitzen, auf der Wahrheit und Sicherheit der unmittelbaren Wahrnehmung auf. Sie ist die unentbehrliche wenn auch bescheidene Quelle, die uns neben der Erkenntniskraft des Geistes allein alle Wahrheit spendet, von der des täglichen Lebens bis hinauf zur Gotteserkenntnis" (S. 36f.).

Dieser Text wirkt – von dem „bekannten" Rahner her gesehen – irritierend. Spricht Rahner hier von der unmittelbaren sinnlichen Wahrnehmung und Anschauung? Dann stünden wir hier vor einem Seinsdenken, wie es für Hans Urs von Balthasar und Gustav Siewerth kennzeichnend ist: im unmittelbaren Anblick der „Gestalt" geht uns seine „exemplarische Identität" mit dem Grund allen Seins auf. Das ist aber unwahrscheinlich. Denn Rahner spricht ja ausdrücklich von dem Unterschied zwischen „Phänomenon" und „Ding". Und das „unmittelbare Wahrnehmen" soll es ja auch möglich machen zu erkennen, daß die „logischen Gesetze wirklich Seinsgesetze sind". Dies kann die unmittelbare sinnliche Anschauung sicher nicht vermitteln.

Von daher legt sich doch eher eine andere Annahme nahe, die durch neuere Untersuchungen zum „ignatianischen Einfluß" auf Rahner unterstützt wird (zuletzt A. Zahlauer 1996): Schon aus seiner ersten veröffentlichten Arbeit, „Warum uns das Beten nottut" (1924), wird deutlich, wie sehr sich der junge Student um eine genaue Interpretation des „attingere Deum" der Ignatianischen Exerzitien bemüht hat. In dieselbe Richtung weisen der frühe Beitrag „Die Geschichte der Lehre von den fünf geistlichen Sinnen" (ST 12, 111–136; franz. schon 1932) und weitere Untersuchungen zu Bonaventura (jetzt auch ST 12, 137ff.), speziell zu seinem Verständnis einer unmittelbaren Erfahrung Gottes schon im Erdenleben, die Rahner als eine Erfahrung im eigentlichen ontologischen Sinne versteht. Darf man annehmen, daß er auch in dem zitierten Referat von 1925 eine solche unmittelbare Gotteserfahrung als Grundlage all unserer Erkenntnis von wirklichem Sein im Blick hat? Diese für die Einschätzung der denkerischen Entwicklung Rahners nicht unbedeutende Frage scheint sich jedenfalls durch einen allgemein als wichtig angesehenen Text positiv beantworten zu lassen, den er etwa zwei Jahre später verfaßt hat.

Zum Zeitpunkt der „Destination für Philos." hatte Rahner bereits eine für ihn zentrale Arbeit entdeckt, die ihm eine Leitlinie bleiben wird: *Le point de départ de la métaphysique*, „Der Ausgangspunkt der Metaphysik" von Joseph Maréchal, insbesondere dessen Cahier V: *Le Thomisme devant la Philosophie critique* von 1926. Auch hier ist auffällig und ungewöhnlich, daß ein Jesuitenstudent der damaligen Zeit ein solches Werk sogleich nach Erscheinen zur Verfügung hat und intensiv studiert. Erhalten geblieben ist ein großes ausgearbeitetes und ausformuliertes „Exzerpt" (im Grunde zugleich eine systematische Auseinandersertzung mit dieser Neuentdeckung), das noch in und nach seiner späteren Freiburger Studienzeit Freunden bekannt war. Der Mitstudent Max Müller berichtete mündlich davon; der Jesuit E. Wingendorf, der in seiner Bonner Dissertation eine deutsche Darstellung Maréchals unternommen hat, hatte es benutzt und faktisch bereits teilweise abgedruckt (Wingendorf 1939). Aus dem Nachlaß des Freiburger Studienkollegen J. B. Lotz SJ ist es als Ganzes erhalten geblieben (KRA IV A 106 = SW 2, 373–406).

Hier sind auch die beiden philosophischen Bezugspunkte namentlich genannt, auf deren Werk Karl Rahner sich vor allem bezieht: Thomas von Aquin – als bevorzugter Lehrer entsprechend der katholischen Studienordnung – und Immanuel Kant, der gewissermaßen als der Prüfstein galt, vor dessen Kritik metaphysische Aussagen zu bestehen hatten. Wie schon in dem Beitrag von 1925 geht es auch in diesem „Exzerpt" (wie bei Maréchal selbst) um das Problem der menschlichen Erkenntnis, insofern sie Wirklichkeit zu erfassen behauptet. „Der Mensch glaubt sich im Besitz von Wissen, d.h. er meint, daß ihm Sätze bewußt sind, die ihn mit Objekten, Dingen bekannt machen, Ausdruck, Erfassen einer Wirklichkeit sind".

Zunächst wendet sich Rahner dem *vorkritischen* Denken zu – und hier scheint er durchaus auch seine noch 1925 vorgetragenen Reflexionen einzubegreifen –: „Für das vorkritische Denken hat der Gedanke nicht nur eine strenge, innere Gesetzmäßigkeit, eine logische Struktur, er hat auch eine letzte Relativität (Relationalität) zu einem andern, zu einem ihm selbst transzendenten Objekt, dessen Abbild er ist. Der Mensch will nicht bloß denken, er will wissen, erkennen. Das Gedachte gilt von einer Wirklichkeit, die nicht wieder bloß gedacht ist; es gibt etwas, das so ist und so sein muß, wie es gedacht ist. Das ganze Erkenntnissystem, die ganze Fülle einzelner Erkenntnisse, die unser Wissen vom Wirklichen ausmachen, ist nun aber getragen und zusammengehalten von allgemeinen notwendig geltenden Sätzen. Ohne diese wäre unser Erkennen nur ein zusammenhangloser Haufe einzelner Sinnesgegebenheiten. Schon das einfachste Wahrnehmungsurteil, ja überhaupt das Erfassen eines Objektes als solches bejaht einschlußweise das Kontradiktionsprinzip; unser ganzes Denken und Forschen wird gelenkt vom Satz vom zureichenden Grunde, von der Kausalität usw. Mit diesen Sätzen bestimmen wir zum Voraus die für unsere Erfahrung möglichen Objekte; wir sind im Voraus gewiß, daß jedes Ding, das uns möglicherweise einmal in der Erfahrung begegnen wird, eine uns jetzt schon bekannte metaphysische Struktur trage, daß in ihm alle jene Sätze notwendig verwirklicht sind, die wir notwendig und allgemeingültig nennen. Wir wissen also von der metaphysischen Struktur jedes Dinges; wir erkennen sicher und unzweifelhaft den metaphysischen Bauplan des Universums, jedes Seins, bevor wir uns durch die Erfahrung, durch eine allgemeine Induktion überzeugt haben, daß alles Sein wirklich die Eigenschaften hat, die wir ihm von vornherein – a priori – zuschreiben. Ja wir wissen auf diese Weise mehr, als uns die Erfahrung lehren könnte. Denn diese als solche könnte höchstens (wenn wir von der Gottesanschauung absehen) die Tatsache, nicht aber seine Notwendigkeit feststellen, könnte uns nur assertorische, nicht aber apodiktische Urteile liefern. Ja eine solche Erfahrung ist überhaupt nicht möglich, wenn ihr nicht die Erkenntnis solcher apodiktischer Sätze logisch – wenn auch nicht zeitlich und psychologisch – vorausgeht" (SW 2, 373f.).

Die Frage ist berechtigt, ob Rahner hier „das vorkritische Denken" allgemein zutreffend charakterisiert. Jedenfalls dürfte sich sein eigener bisheriger Begriff von Erkenntnismetaphysik daraus erschließen lassen. Dem stellt er nun die Konzeption gegenüber, die aufgrund der bahnbrechenden Arbeit von Maréchal in der Lage wäre, das scholastische Denken mit der Transzendentalphilosophie zu vermitteln: „es fragt sich 1., was erforderlich ist (hauptsächlich im Subjekt), um im Objekt, das immer Einzelobjekt ist (daran ändert auch eine Vielheit von Objekten nichts) etwas zu erschauen, das eigentlich nicht in ihm ist. 2. Wenn die erste Frage (quaestio facti) beantwortet ist, was den Anspruch rechtfertigt (quaestio iuris), daß ich in diesem Schauen des Allgemeinen im Einzelnen wirklich das erfaßt habe, was ich schauen wollte, nämlich, wenn wir die obigen metaphysischen Sätze als Beispiel nehmen, eine Seinsbestimmtheit, die *allem* notwendig zukommt. Die erste Frage findet ihre Antwort in der Lehre vom erkenntnistheoretischen (transzendentalen) Apriori. Die zweite fordert fast von selbst als Lösungsmethode das, was Kant die transzendentale Deduktion nennt" (SW 2, 377).

Die folgenden Ausführungen lassen deutlich den Einfluß Blondels erkennen, erweisen zugleich aber auch die grundsätzlich andere Perspektive, in der bei Rahner (und Maréchal) das Blondelsche Denken rezipiert wird: „Wie ist dieser Nachweis zu führen, der Nachweis der metaphysischen Geltung unserer Objekte? Wir erinnern uns, daß Kant gewissen Sätzen, gewissen Objekten eine absolute Geltung, eine metaphysische Realität zuschrieb, aber nur vor der praktischen Vernunft. Solche Objekte haben, wenn sie ‚Ziel' einer notwendig zu setzenden Handlung (bei Kant ist es der moralische Imperativ) sind, absolute metaphysische Geltung, weil eine Handlung ihr Ziel in der absoluten metaphysischen Ordnung setzt; sie haben diese Geltung aber nur vor der praktischen Vernunft und sind nicht Gegenstände, die von der theoretischen Vernunft notwendig bejaht werden müssen, weil sie zwar von der Handlung als absolut gesetzt werden, nicht aber notwendige Voraussetzung einer Objektivation, der Konstitution des theoretischen Objektes sind. Nur als solche aber werden sie und ihre apriorischen Bedingungen von der reinen Vernunft notwendig anerkannt. Gelingt es nun zu zeigen, daß tatsächlich eine Objektivation nur möglich ist in der absoluten Ordnung der Finalität, also nur, wenn unser Erkennen als dynamisch-finaler Prozeß aufgefaßt wird, in dem dann die Erkenntnisobjekte ‚Ziele' (Teil- oder Letztziel) dieser dynamischen Tendenz werden, so sind alle Vorteile, die die praktische Vernunft bei Kant hat, auf die theoretische übertragen, die notwendig bejahten Objekte werden als notwendig angestrebte Ziele, als metaphysische Objekte bewiesen" (SW 2, 382 f.).

Der Text zeigt: Rahner stellt sich nun entschieden auf den Boden der Transzendentalphilosophie. Ein genauerer Vergleich dieses ausgearbeiteten Exzerpts mit der eigenen Grundlegung einer erkenntniskritisch reflektierten Metaphysik in *Geist in Welt* ergibt, daß die Grundrichtung hier bereits gesehen ist. Rahner nimmt den „transzendentalen Thomismus" auf, wie er durch Pierre Rousselot und besonders eben durch Joseph Maréchal entwickelt wurde. Das Maréchal-Exzerpt macht – zumindest auf den heutigen Leser – allerdings einen sehr formalistischen Eindruck. Hier wird der lebendige „Erkenntnisdynamismus" wieder in das Prokrustesbett syllogistischer Ober- und Untersätze gepreßt. Es fehlt eine „phänomenologische" Komponente, um diesen Prozeß angemessen erfassen und darstellen zu können. Auch ein Vergleich der Sprache dieses Texts mit der des Dissertationsentwurfs und späterer Arbeiten zeigt, daß Rahners eigenes Schaffen hier noch nicht wirklich zum Durchbruch gelangt ist. Es braucht eines weiteren Ferments, das ihn dazu befreit. Die Studienzeit in Freiburg von 1934 bis 1936, und hier besonders die Begegnung mit Martin Heidegger, stellt dies bereit.

3. „Geist in Welt"

Neben vielen anderen Einflüssen, die material bestimmender sein mögen, ist es das Denken Martin Heideggers, vor allem seine Interpretationskunst, aber eben auch seine Sprache, die Rahner zu schöpferischer Eigenständigkeit verhilft. Diese Tatsache wird – wie überhaupt seine *philosophische* Prägung in diesen Jahren – in Selbstzeugnissen des späten Rahner manchmal zu sehr heruntergespielt. So sagt er 1984 in einem Gespräch mit seinem langjährigen Mitarbeiter Karl Lehmann: „Von 1924 bis 1927 studierte ich, wie jeder Jesuitenscholastiker, Philosophie [...]. Eines meiner großen Erlebnisse war damals die Lektüre der Bücher von Joseph Maréchal aus Löwen. [...] Später kam natürlich auch Martin Heidegger dazu. Man darf nicht meinen, daß meine Theologie inhaltlich viel von Martin Heidegger empfangen hätte. Das ist einfach unsinnig. Ich glaube, es gibt kein einzelnes, konkretes theologisches Thema, zu dem Heidergger jemals ein Wort gesagt hatte. Aber natürlich habe ich einiges von ihm gelernt: einen Text zu interpretieren, Zusammenhänge zu sehen, die nicht unmittelbar auf der Hand liegen, moderne Probleme an die traditionelle Theologie heranzutragen usw. In diesem mehr – sagen wir einmal – formalen Sinn bin ich Martin Heidegger immer noch dankbar. Und wenn er auch ein schwäbischer Alemanne aus Messkirch ist, so hat er doch eine gewisse Verwandtschaft mit uns Freiburger Alemannen. Heidegger hat das auch immer betont. Sollte von dieser Verwandtschaft etwas bei mir zu merken sein, so wäre mir das nur recht" (1986, 28; vgl. ebd. 13, 49 ff.).

Man muß den Text sorgfältig lesen, um sich nicht zu täuschen: Abgelehnt wird nur ein *inhaltlich-theologischer* Einfluß Heideggers. Richtig dürfte die damalige Perspektive Rahners auch in einer Bemerkung seines Mitstudenten J. B. Lotz festgehalten sein: „Die Anregungen, die wir von Heidegger empfingen, waren für uns so fruchtbar, daß wir unseren ursprünglichen Plan, nach zwei Semestern die Universität zu wechseln und in Berlin von N. Hartmann zu lernen, bald aufgaben" (Imhof 1985, 26). Jedenfalls belegen die Studienmaterialien und Texte aus den dreißiger Jahren Heideggers Einfluß deutlich. Rahner kennt wohl alle veröffentlichten Werke bis hin zu frühen Gelegenheitsgedichten. Er hat anscheinend auch Kenntnisse von Vorlesungsmitschriften, es finden sich Exzerpte und Seminarunterlagen zu den damaligen Grundschriften Heideggers und Protokolle aus seinen Seminaren (vgl. SW 2, 407–427, 438–461 und Register).

Besonders aufschlußreich ist ein Aufsatz über Heideggers Existentialphilosophie aus dem Jahre 1940: *Introduction au concept de philosophie existentiale chez Heidegger/Einführung in den Begriff der Existentialphilosophie bei Heidegger* (SW 2, 319–346), der fälschlich unter dem Namen seines damals noch bekannteren Bruders Hugo in der Jesuitenzeitschrift *Recherches de science religieuse* veröffentlicht wurde. Wenn hier auch zu berücksichtigen ist, daß dieser Beitrag schon auf Rahners eigenen Versuch zu einer philososophischen Anthropologie,

Hörer des Wortes, zurückblickt, so beweist er doch deutlich die *philosophische,* nicht nur theologische Auseinandersetzung mit Heidegger: „Im *Grund* ist [Heideggers Philosophie] eine transzendentale Analytik des konkreten Menschen, des *Daseins,* eine Analytik, die als Grundlage einer Ontologie dient, d.h., die zum Ziel hat, eine treffende Untersuchung des Seins zu ermöglichen; im Lauf ihrer *Entwicklung* legt sie dieses *Dasein* aus: In-der-Welt-sein, In-der-Zeit-sein, Endlichkeit; die Transzendenz, die Stütze seines Tuns und seines Denkens, hat als letzten Horizont das Nichts; – welche Antwort wird sie, zu ihrem *Abschluß* gekommen, auf die Frage nach dem Sein geben? [...] Wenn *radikaler Atheismus* – wie zu fürchten – das letzte Wort dieser Anthropologie ist, muß Endlichkeit, Nichts auch das letzte Wort der künftigen Ontologie sein" (SW 2, 344f.).

Rahner legt Heidegger nicht auf diese Sicht fest. Er formuliert die alternative Möglichkeit einer philosophischen Anthropologie, wo im letzten Stadium der Analytik „das erste *a priori* der menschlichen Transzendenz sich als die Unendlichkeit des Absoluten offenbart [und] das wirkliche Geschick des Menschen dann eine Wahl zwischen dem ewigen Tod und dem ewigen Leben vor Gott würde und nicht eine bloße Entschlossenheit zum Nichts. Den Menschen von der reinen Idee zu lösen und ihn in seine eigene Existenz und die Geschichte zu werfen, wie es Heidegger tut, hieße dann, ihn im Grunde vorzubereiten und im Voraus aufmerksam zu machen auf die – historische und existentielle – Tatsache einer göttlichen Offenbarung" (SW 2, 345.).

Es würde sicher zu kurz greifen, das Rahnersche Denken auf Maréchal und Heidegger – und im Hintergrund Thomas und Kant – zu beschränken. Andere Impulse – spirituelle, theologische usw. – kommen hinzu. Auch mit Einflüssen durch den vorgesehenen Doktorvater *Martin Honecker* muß man rechnen – so sehr die Rolle, die dieser Freiburger Philosoph für die Entwicklung Rahners spielte, umstritten ist. Immerhin hat Rahner einen Zeitschriftenaufsatz Honeckers über den Lichtbegriff in der Abstraktionslehre des Thomas von Aquin einer

Kurzrezension, wie sie damals üblicherweise in den deutschen Jesuitenzeitschriften erschienen, für wert befunden (SW 2, 350 f.).

Das Ergebnis der Studienzeit in Freiburg legte Rahner M. Honecker 1936 unter dem Titel *Geist in Welt* als Manuskript zur Vorbegutachtung vor. Da dieser bei anscheinend durchaus positiver Wertung der „Stoffbeherrschung" sowie „geistreich[er] und interessant[er]" Interpretationen Änderungen verlangte (der entsprechende Brief existiert leider nicht mehr und ist nur indirekt erschließbar, vgl. SW 2, XXVf.), Rahner inzwischen aber in Innsbruck seine *theologische* Promotion wohl mit einer Zusammenfassung früherer Arbeiten betrieben hatte – „19. 12. 36 Promotion Innsbruck", steht in seinem Notizbüchlein unter den Gedenktagen; die Habilitation erfolgte bald darauf: „1. 7. 37 Habilitationsbestätigung" –, ließ er sich nicht mehr darauf ein. Er benötigte keinen philosophischen Doktortitel, um als Theologe zu lehren, und war wohl auch vom Wert seiner Arbeit so überzeugt, daß er Änderungen nicht vornehmen wollte. Eine selbstbewußte (und vielleicht auch etwas „dickköpfige") Verhaltensweise, die er auch an anderen Punkten seines Lebenswegs an den Tag legte.

Vermutlich war Rahner auch klar, daß seitens Honeckers eine Sachdifferenz hinsichtlich historischer Interpretation vorlag, die er nicht ausräumen konnte und – vor allem – nicht ausräumen wollte. Der Vorgang ist nie ganz dokumentiert worden. Derzeit fehlen auch die grundlegenden Dokumente – neben dem genannten Brief Honeckers auch das Manuskript von *Geist in Welt* mit Honeckers Randbemerkungen –, die allein den Sachgehalt der Einwände deutlich machen könnten. Rahner war wohl verblüfft, daß seine Arbeit anders als die parallele von J. B. Lotz behandelt wurde, dessen Promotionsverfahren kurz nach der negativen Vorbegutachtung der Rahnerschen Arbeit abgeschlossen war. Polemische Bemerkungen und kolportierte spitze Äußerungen verletzenden Charakters – bis hin zu J. B. Lotz (vgl. Imhof 1985, S. 27) – haben aber den Vorgang nur verunklart und den als nobel und großzügig geltenden – z. Zt. dieser Diskussionen bereits verstorbenen – Honecker in ein schiefes Licht gerückt. Über die Zielrichtung seiner Arbeit hat Rahner sich später in einer Art Vorwort-Entwurf zu *Geist in Welt* (vielleicht auch einem Exposé für mögliche Zensoren?) geäußert (SW 2, 431–437). Bevor wir auf das Werk selbst eingehen, ist es vielleicht sinnvoll, seine Intention aus dieser Rückschau anzusprechen.

Rahner gibt dort eine Einordnung seines Buchs in die Aufgabenstellung neuscholastischen Denkens. Eine erste Phase betrachtet er als Wiedergewinnung der in der Aufklärung abgebrochenen scholastisch-katholischen Tradition seit dem 19. Jahrhundert. Die dort nicht gelöste Aufgabe war, „in ein lebendiges Gespräch mit der modernen Philosophie zu kommen [...]. Zu einer bei aller Wahrung des eigenen Standpunkts doch *gemeinsamen* Arbeit an den *gleichen* Problemen kam es nur selten. Man sprach zwei verschiedene Sprachen und verstand sich eigentlich nicht" (SW 2, 431 f.).

Rahner geht davon aus, daß trotz aller Verschiedenheit unverrechenbarer Positionen doch „wenigstens die gleiche *Problematik* die ganze abendländische Philosophie beherrscht, daß sich also diese Verwandtschaft in der Problematik zwischen der Scholastik und der modernen Philosophie muß aufzeigen lassen" (SW 2, 433). Auf dieser Basis ist es möglich, nicht nur im Besitzerstolz ewiger Wahrheiten das außerkatholische Denken bloß apologetisch anzugehen, sondern auch wirklich im Gespräch zu lernen. Rahner sieht auch, daß es neben dem neuscholastischen Strang solche Versuche gegeben hat, im 19. Jh. die „mißglückten" Versuche von A. Günther, Hermes, Deutinger, Bolzano, die theologischen der Tübinger Schule oder auch – unabhängig von der scholastischen Tradition, aber in Kenntnis ihrer – eigenständig arbeitende Denker wie E. Przywara und P. Wust. Sie bringen für die katholische Schulphilosophie das umgekehrte Problem mit sich, von ihr nicht „verdaut" werden zu können, weil die Problemstellungen nicht zueinanderzubringen sind.

Eine dritte Gruppe sieht Rahner in mehr durch Scharfsinn als durch metaphysische Tiefe glänzenden neuscholastischen

Denkern (er nennt J. Geyser), die zwar gute Kenntnisse der Scholastik wie des neuzeitlichen Denkens, aber zur großen Scholastik letztlich doch nur ein „historisches", nicht aber ein „lebendiges" Verhältnis haben, da sie durch empiristische und nominalistische Prägungen zu deren eigentlicher Fragestellung gar nicht mehr vordringen und so auch nicht ein fruchtbares Gespräch von der Scholastik aus mit Kant und dem Deutschen Idealismus ermöglichen. Um diese Vermittlung geht es Rahner aber in seiner Philosophie – wie später in seiner Theologie: Er will die Tiefe der *Schul*philosophie katholischer Prägung bzw. ihrer Quellen wieder deutlich machen und diese ins Gespräch bringen. Er fordert damit ein wahres Bemühen um die Sachproblematik der alten Scholastik, die nicht nur Positionen historisch erhebt, sondern sie aus einem systematischen Interesse selbständig durchdenkt. „Denn der wahre philosophische Gehalt einer früheren Philosophie läßt sich nur in einem persönlichen Mitphilosophieren erreichen" (SW 2, 435).

Von dieser Position aus sieht er sein Buch als einen „fachphilosophischen" Beitrag an. Im übrigen sagt er auch hier: „Die Arbeit hat bei ihrer philosophischen Interpretation von Thomas hauptsächlich Kant und Heidegger vor Augen [... Sie] vermeidet aber dennoch absichtlich eine direkte Auseinandersetzung mit Kant und Heidegger. Einmal aus dem einfachen Grund, weil sie sonst noch größer hätte werden müssen. Dann aber auch, und das ist viel wichtiger, weil aus einer einfachen Interpretation nur von Thomas selbst einmal beispielhaft gezeigt werden sollte, wie modern Thomas ist, wenn man ihn nur zu lesen versteht" (SW 2, 436).

Der Text schließt mit dem Satz: „Was die Einzelheiten angeht, muß die Arbeit selbst für sich einstehen" (SW 2, 437). Es ist nicht ganz einfach, aus den engbedruckten XV und 296 Seiten des 1939 erschienenen Werks die Zielrichtung herauszulösen, ohne in eine detaillierte Thomas-Interpretation einzutreten. Und es ist auch nicht die Aufgabe, hier die philologische Seite dieser Arbeit zu untersuchen. Rahner hat ihr ja – neben der von ihm durchaus beanspruchten philologischen Seite einer Thomas-Exegese, die bis zu inzwischen akzeptierten Textkonjekturen ging (vgl. SW 2, 150f.) – vor allem ein *systematisches* Interesse zugeschrieben.

Die Arbeit soll also zunächst als eine Thomas-Interpretation verstanden werden. Im Grunde geht es um einen relativ kurzen Text aus der *Summa theologiae:* Utrum intellectus possit actu intelligere per species intelligibiles quas penes se habet, non convertendo se ad phantasmata (Kann der Intellekt wirklich etwas erkennen durch die Vernunftbilder, die er bei sich hat, ohne sich den Sinnesbildern zuzukehren? S.th. I, q. 84, a. 7).

Das eigentliche systematische Interesse und der Denkhorizont der Arbeit zeigen sich mit Beginn des zweiten Teils. Diese Perspektive ist allerdings im Text der zweiten Auflage von *Geist in Welt* (1957) überlagert. Denn J. B. Metz – dem, wie Rahner im Vorwort bemerkt, diese Neuauflage alles verdankt, was sie von der ersten unterscheidet (SW 2, 6f.) – hat gerade zu Beginn des zweiten Teils Korrekturen vorgenommen, die eine andere systematische Richtung nahelegen könnten. Der einleitende Abschnitt „Der Ausgangspunkt" erhält den Zusatz „die metaphysische Frage" und beginnt nun mit einem Passus, in dem – ähnlich wie in der „Metaphysik" von Emerich Coreth (1961, 82ff.) – eine retorsive Absicherung der „Frage überhaupt" als unhintergehbarer Ausgangspunkt der Philosophie vorgenommen wird (SW 2, 54).

Wie noch in der ersten Auflage von *Hörer des Wortes* (1941) erkennbar, geht es Rahner an diesem Punkt aber nicht um die Fixierung eines unhinterfragbaren Anfangs (bei Maréchal, Lotz u.a. „des Urteils", hier also „der Frage" an sich), sondern um die Frage *nach dem Sein des Seienden* (1. Aufl. 1941, 48; anders 2. Aufl. 1963, 53 und 51 Anm. 2 = SW 4, 56 bzw. 57 mit Anm. 25). Dementsprechend beginnt der ursprüngliche Text: „Jede Frage hat ein Woher ihres Beginnens. Also auch die metaphysische Frage. Aber damit sind wir schon mitten in der Fraglichkeit der metaphysischen Frage. Denn von woher sollte solches Fragen seinen Gang antreten? Die metaphysische Frage geht doch nicht auf Dieses oder Jenes, sondern auf alles zumal, auf das Sein im Ganzen. Kann solches Fragen noch beginnen, da es nicht hat, von wo es ausgehen könnte?" (SW 2, 55 und 468; der ganze erste Abschnitt der 2. Aufl. ist vorgeschaltet).

Rahner kannte genau Heideggers Freiburger Antrittsvorlesung „Was ist Metaphysik?" Er hat sie ausgiebig studiert und exzerpiert (SW 2, 455–460). Dieser Text bildet offensichtlich den Hintergrund für den Einstieg in seine Thomasinterpretation. Daß diese Perspektive aber nicht willkürlich gewählt ist, betont Rahner sogleich im nächsten Absatz: „Oder hat Thomas vielleicht nicht so zu fragen gewagt? Doch. Metaphysik handelt nach Thomas *de ente in communi* [vom Sein im allgemeinen], zur Metaphysik gehört die *universalis dubitatio de veritate* [der universale (methodische) Zweifel hinsichtlich der Wahrheit] so notwendig, wie die *universalis consideratio de veritate* [das allgemeine Bedenken der Wahrheit] (In III. Metaph. lect. 1, n. 343)".

Zum Verständnis der nächsten Abschnitte ist wiederum Heideggers „Was ist Metaphysik?" wichtig, wo – im Anschluß an Hegels „Logik" – die Frage nach dem *Sein* der nach dem *Nichts* gleichgestellt wird (Heidegger GA 9, 120). „Aber dieses Fragen nach allem zumal [...] ist nicht ein leeres Sichherumtreiben, ein Suchen nach allem und jedem und so nach nichts. Es fragt nach einem sehr Bestimmten, eben nach der Frage nach dem Sein im Ganzen selbst als dem Müssen des Menschen, das er selber ist [...]. Wenn der Mensch nach allem zu fragen wagt, geht er von ‚nichts' aus. Und doch kann dieses ‚nichts' nicht eine Leere sein, die der Mensch nach Laune und Willkür füllen, von der aus er hinschweifen könnte, wohin es ihm beliebte. Denn es ist ihm aufgegeben, nach dem Sein im Ganzen zu fragen" (SW 2, 55–57 und 468).

Nicht nur die Thematisierung des „Nichts" bei Heidegger steht im Hintergrund dieses Fragens (als „Negativfolie", der gegenüber Rahner sich abgrenzen zu müssen meint). Vor allem die positive Richtung ist von dem Freiburger Lehrer her vorgezeichnet: Wenn der Mensch das „nichtige Woher seines Fragens bestimmen [könnte], wäre er schon so beim Sein im Ganzen, daß er seiner mächtig wäre und nicht mehr zu fragen hätte. Welches ist daher das Seiende, bei dem immer schon notwendig seiend der Mensch vor das Sein im Ganzen gerufen ist? Die Dinge der Welt, er selbst mit seiner Leiblichkeit mit allem, was zum Raum und der Umwelt dieses leiblichen Lebens gehört. [...] der Mensch ist vor dem Sein im Ganzen, insofern er sich in der Welt vorfindet" (SW 2, 57). Die „Dinge der Welt" – in ihrer Nichtigkeit und doch zugleich in ihrer Verheißung von Sein –: dies ist der Horizont, in dem sich der Mensch notwendig bewegt und der das Woher und Wohin seines Fragens bestimmt.

So sehr Rahner durch ständige Textverweise seine Ausführungen am Werk des Aquinaten verifiziert: schon die terminologischen Besonderheiten zeigen, daß der Rahmen des Fragens, in dem diese Interpretation zu stehen kommt, Heidegger entlehnt ist. In den früheren philosophischen Texten Rahners wurde der Welt-Begriff nie in diesem Sinn verwendet – ganz abgesehen von der Gewaltsamkeit der Bindestrich-Kombinationen, wie sie von Heideggers „Schon-sein-bei-der-Welt" oder „In-der-Welt-sein" bekannt sind. Thomas wird hier in eine moderne Denkbewegung hineingenommen.

In den folgenden Schritten geht es um die Klärung des Ausgangspunkts beim Fragenden. Die „sinnliche Erkenntnis" ist – anders als beim Tier – beim Menschen Teil einer umgreifenden einheitlichen Erkenntnis. Es geht gerade darum, diese Einheit des „animal rationale", des „vernünftigen Lebewesens" zu begreifen. „Es lassen sich nicht Aussagen über die Sinnlichkeit machen, die deren Wesen ganz erfassen, ohne daß man schon das Wesen des Denkens mitausspricht" (SW 2, 61, vgl. auch ff.). Der entscheidende Punkt dabei ist die Einheit von Erkennen und Erkanntem. Das „In-der-Welt-sein" ist ein Sein des Menschen beim Ganzen im Sein beim einzelnen Seienden.

Hier wird nun Heideggersche Phänomenologie in den Dienst der von Maréchal gewonnenen Thomasinterpretation gestellt. Erkennen ist kein Stoßen auf etwas. Die Einheit von Sein und Erkennen ist ursprünglicher: *Quidquid enim esse potest, intelligi potest;* Was sein kann, kann auch erkannt werden (S.c.g. II, 98). Dieses Thomaszitat dient als wichtige Brücke zur Versöhnung von scholastischem und transzendentalem

Denken: „Sein und Erkennen ist dasselbe", „Erkennen ist Beisichsein des Seins, und dieses Beisichsein ist das Sein des Seienden" (SW 2, 62). Von diesen Grundaussagen über Erkennen und Erkanntes muß der Begriff des Anschauungsbildes (species) wie der Materie entwickelt werden.

Die angesprochene Einheit ist aber aus der *Fraglichkeit* gewonnen und hebt diese nicht auf. Im Fragen ist der Fragende zwar beim Sein im Ganzen, aber nicht besitzend. Seine „Seinsmächtigkeit" ist endlich, das Sein nicht im Begriff „fixierbar". Daher gibt es eine Stufung des Beisichseins, der Seinsmächtigkeit des Geistes.

Aus dieser Einsicht läßt sich zunächst der Begriff der „materia prima", der reinen Materialität entwickeln, in der Sein *nicht* bei sich ist. Sie gibt nur das unbestimmte Worin von Sein her, in dem ein Beisichsein im *anderen* bei *sich* sein kann. Hier aber liegt das eigentliche Problem der Erkenntnis. Die Grundfrage der Erkenntnismetaphysik ist ja kein „Brückenproblem" – „Wie gelangt ein Erkennen zu einem Gegenstand?" Problematisch ist vielmehr gerade, daß es solch eine zu überwindende Kluft überhaupt geben kann. Ein Geistwesen, das keinen Bezug zur Materie hätte, wäre damit auch schon bei sich. Wie aber kann Geist, Beisichsein, in einem *anderen* bei sich sein – und so etwas anderes erkennen?

Genau dies ist aber Sinnlichkeit: „Beisichsein als Bei-einemandern-sein". Menschliches Erkennen als hinnehmendes, von der Sinnlichkeit ausgehendes steht genau in dieser Spannung, es ist *Geist in Welt:* „Je schon von sich weg durch die Sinnlichkeit in die Welt, in das andere gestellt, findet sich der Mensch vor, wenn er nach dem Sein im Ganzen zu fragen beginnt" (SW 2, 98). Er steht in der Schwebe zwischen der Materie und dem reinen Selbstbesitz.

Die Analysen der apriorischen Strukturen der „Sinnlichkeit" – Raum und Zeit – lesen Thomas mit den Augen Kants. Rahner sucht aufzuweisen, daß die hochscholastische Erkenntnistheorie transzendentaler denkt, als eine bloß beschreibende Philosophiegeschichtsschreibung wahrhaben wollte. Die Analyse der Sinnlichkeit hat aber bloß vorbereitenden Charakter.

Erst wo das sinnliche andere – das der sinnlich Erkennende „ist" – *gegenübergestellt* wird, ist Denken, beginnt Metaphysik. Hier kann Rahner unmittelbar an die Abstraktionslehre des Thomas anknüpfen. „Abstractio" ist einerseits Loslösung von der Welt, ein Kommen von der Welt – nach Thomas die Leistung des „intellectus agens", des „tätigen Intellekts", das „Erkenntnisbild" aus dem „Sinnenbild" zu gewinnen. Anderseits zeigt sich in ihr erst die Möglichkeit der denkenden Zuwendung zur Welt, der „conversio ad phantasmata".

Indem der „tätige Intellekt" das „Erkenntnisbild" aus dem „Sinnenbild" „abstrahiert", zeigt sich aber noch mehr: im Abstrahieren *übergreift* er zugleich das in der Sinnlichkeit konkret Erfaßte. Dieses Übergreifen bezeichnet Rahner mit einem für ihn später durchgehend zentralen Terminus: „Vorgriff". Auch dieser ist M. Heidegger entlehnt (Heidegger 1927, 150ff.). Thomas verwendet aber ein analoges Bild: „excessus", Überschritt. Was bei Heidegger eine fundamentale phänomenologische Struktur des „Daseins" ist, wird nun von Rahner in eine metaphysische Erkenntnisanalyse übertragen.

Der Vorgriff geht nicht auf einen Gegenstand; er ist vielmehr die Bedingung der Möglichkeit gegenständlicher Erkenntnis. In ihm enthüllt sich das Sein der Gegenstände. Indem er diese bejahend ergreift, sie im Hinblick auf das in ihnen zum Ausdruck kommende Sein aber als defizitär erkennt, ist er eine „Hinbewegung des Geistes auf das Ganze seiner möglichen Gegenstände" (SW 2, 117). Damit stellt sich aber die Frage, ob er auf das Unendliche der *Sinnlichkeit,* der reinen Anschauung von Raum und Zeit, eingegrenzt ist. Rahner weist nun in einem gegenseitigen Durchdringen von systematischen Überlegungen und Thomas-Interpretation auf, daß der Vorgriff auf das „esse", das Sein als solches, nicht auf die durch die Sinnlichkeit eröffnete (und begrenzte) Raum-Zeit geht. Ginge er nur auf diese, so würde er – ihre Endlichkeit enthüllend – auf „Nichts" vorgreifen. Das ergäbe zwar „logisch", in der Aussage über die Gegenstände, keinen Widerspruch, wohl aber in der Dynamik des Vorgriffs selbst: die Maréchalsche Unterscheidung zwischen dem bloß propositionalen Sinn des „ist" als Kopula und dessen „transzendentalpragmatischer" Intention auf das Sein kommt hier zur Geltung. „Der Vorgriff geht demnach auf ein *esse*, das schlechthin von negativer Ungegrenztheit ist. Damit hat der Vorgriff als grundlegende Handlung menschlichen Erkennens seine entscheidende Auszeichnung erfahren: die menschliche Erkenntnis ist als vorgreifend auf das schlechthin Unendliche ausgerichtet, und darum ist der Mensch Geist. Er hat dieses Unendliche immer nur im Vorgriff, und darum ist er endlicher Geist" (SW 2, 146).

Auch wenn wir der detaillierten Entfaltung der Thematik anhand der Texte des Aquinaten nicht weiter nachgehen können: Schon die kurzen Hinweise zeigen, daß hier ein Gespräch versucht wird, das sich aus sehr verschiedenen Quellen speist. Durch die vielen minutiösen Einzelschritte wird beim Lesen vielleicht der große Wurf zu sehr verdeckt: der Selbstvollzug des Geistes, der sich an die Materie als sein anderes weggibt und von ihr aus in einem Prozeß der Aneignung und des Überschreitens zu sich selbst kommt. Rahner hatte in dieser Zeit Hegels „Phänomenologie" durchgearbeitet (KRA IV A 80; vgl. auch SW 2, 407 ff.). Auch diese Lektüre ist nicht ohne Einfluß geblieben. Aber wie Maréchal bleibt Rahner bewußt transzendental im Sinne Kants: er thematisiert den endlichen Geist, ohne dessen Dynamismus in die Selbstbewegung des Absoluten auflösen zu wollen.

Programmatischen Charakter hat – nach den Einzelanalysen – wieder der dritte Teil des Werks: „Die Möglichkeit der Metaphysik auf dem Boden der Imaginatio". Auch hier schließt sich Rahner an Thomas an. Er bestimmt Metaphysik als die Wissenschaft vom Sein als solchen, die aber ausgerichtet ist auf den letzten Grund des Seins und das letzte Ziel der Erkenntnis, die Erkenntnis Gottes. In diesem *inhaltlichen,* nicht methodischen Sinn ist Metaphysik so zugleich „Ontologie", Lehre vom Sein, und „Theologie". Aufgrund der auf das Sein schlechthin vorgreifenden Struktur der Erkenntnis, die als Bedingung ihrer Möglichkeit das absolute Sein implizit bejaht, ist jede Einzelerkenntnis metaphysisch „lesbar". Das führt allerdings nicht zu einer Anschauung metaphysischer Gegenstände. Es gibt keine angeborenen Ideen oder ewigen Wahrheiten, die einen solchen Überschritt ermöglichten. Aber jede Einzelerkenntnis ist in einen Dynamismus des Geistes hineingenommen, der über den Bereich der sinnlichen Anschauung hinausgreift, so sehr er auch an diese gebunden bleibt. „Gebunden" in dem Sinn, daß er den „hingenommenen" Gegenstand sich entgegensetzt und beurteilt und auf diesem Wege zu sich selbst in der Erkenntnis zurückkommt. Die Möglichkeit eines wahren Urteils gründet im Vorgriff auf das Sein überhaupt. „Insofern der Vorgriff die Bedingung seiner eigenen Möglichkeit bejaht, zu dieser aber das Woraufhin des Vorgriffs gehört, bejaht er das Sein schlechthin als außerhalb von Welt mögliches und wirkliches. Damit ist ein Sein jenseits des Raumes der imaginatio bejaht, welche Bejahung die Bedingung der Möglichkeit gegenständlicher Erkenntnis von Welt ist, da sie in *dem* Vorgriff geschieht, der allererst eine solche gegenständliche Welthabe ermöglicht" (SW 2, 293).

4. „Hörer des Wortes"

Schon der Schlußabschnitt von *Geist in Welt* bietet einen kurzen Hinweis in theologischer Richtung: In der Hinwendung des Menschen zur Welt geschieht die Eröffnung des Seins überhaupt und ist ein Wissen von Gott *vollzogen,* wenn auch nicht in gegenständlicher Weise. Der Ausgriff auf das Sein in der Hinwendung zum einzelnen eröffnet einen verborgenen Gott. „Ist der Mensch so verstanden, kann er horchen, ob Gott nicht etwa spreche, weil er weiß, daß Gott ist; kann Gott reden, weil er der Unbekannte ist. Und wenn Christentum nicht Idee ewigen, immer gegenwärtigen Geistes ist, sondern Jesus von Nazareth, dann ist des Thomas Metaphysik der Erkenntnis christlich, wenn sie den Menschen zurückruft in das Da und Jetzt seiner endlichen Welt, da auch der Ewige in sie einging, damit der Mensch ihn finde" (SW 2, 300). *Hörer des Wortes* stellt die Entfaltung des hier skizzierten Grundgedankens dar.

Seit 1936 bereitete sich Karl Rahner auf eine Tätigkeit als Dozent in Innsbruck vor. Erst als Karl Prümm SJ den vakanten Lehrstuhl für Fundamentaltheologie (bzw. Apologetik) im Herbst 1937 übernahm, mag sich für Rahner definitiv entschieden haben, daß er Dogmatiker und Dogmenhistoriker werden sollte (so jedenfalls Neufeld 1994, 131f.). In diesen biographischen Kontext ist zu stellen, daß er eine Einladung zu den „7. Salzburger Hochschulwochen" 1937 annahm und dort Vorlesungen unter dem Thema „Religionsphilosophie und Theologie" gehalten hat (die 1937 veröffentlichte Zusammenfassung findet sich in SW 4, 285–293). Die Vorlesungen erschienen 1941 unter dem Titel *Hörer des Wortes* (SW 4).

Das kleine Buch hat – nicht zuletzt aufgrund seines programmatischen Titels – die Theologie insbesondere der zweiten Hälfte unseres Jahrhunderts nachhaltig beeinflußt. Es enthält „Fundamentaltheologie" in ebendem neuen Sinn, den Blondel der alten Disziplin „Apologetik" zu geben versucht hatte. Schon seit ihren Anfängen bei Justin „dem Apologeten" hat ein philosophisches Moment zu diesem Fragebereich der Theologie gehört: Wer glaubwürdig verkünden will, daß in Jesus Christus Gott selbst in dieser unserer Geschichte Fleisch angenommen hat und dieses Ereignis „irgendwo in einer unbedeutenden Ecke des damaligen Römischen Imperiums" für alle Menschen heilsbedeutsam ist, muß diesen Glauben auch vor aller Vernunft – und das heißt philosophisch – verantworten. Zu einem methodisch eigenständigen Fragen hat sich diese der Theologie selbst aufgegebene Philosophie aber erst in der Scholastik entwickelt. Bei Thomas von Aquin bereits kommt es allerdings zu jener verhängnisvollen Zweiteilung zwischen einer „natürlichen Theologie" (die grundsätzlich philosophisch betrieben werden kann) und einer Theologie der „übernatürlichen Offenbarung", wo eine methodisch eigenständige Philosophie nichts mehr zu suchen hat, sondern allenfalls noch Kategorien für das theologische Verstehen bereitstellen darf. Das „Unternehmen Apologetik", das sich in diesem scholastischen und neuscholastischen Horizont entwickelte, hat Blondel treffend (mit einem Zitat aus „Le Monde"!) skizziert: „Die

Vernunft weist die Existenz Gottes auf. Dieser Gott konnte sich offenbaren. Die Geschichtswissenschaft beweist die Tatsächlichkeit der Offenbarung. Sie beweist auch die Authentizität der Heiligen Schrift und die Autorität der Kirche. Der Katholizismus findet sich also auf rationalen und wahrhaft wissenschaftlichen Boden gegründet" (Blondel 1974, 128).

Demgegenüber stellt Blondel nun programmatisch heraus, daß das Nebeneinander der Feststellung einer vom Allmächtigen her prinzipiell möglichen Offenbarung und dem (besonders durch das Aufzeigen von Wundern) geführten Tatsachenbeweis für das wirkliche Ergangensein von Offenbarung nicht ausreicht, „damit die Verbindung dieses Möglichen mit jenem Wirklichen sich meinem Bewußtsein aufdrängt, meine Vernunft verpflichtet und mein ganzes Leben beherrscht. [...] man muß darüber hinaus die *Notwendigkeit für uns* erweisen, uns an diese Wirklichkeit des Übernatürlichen zu binden" (1974, 112f.). Die menschliche Vernunft muß vom Innersten ihrer selbst her immer schon auf ein göttliches Wort in der Geschichte angelegt sein, damit dieses Wort ihr gegenüber keine heteronome Zutat bleibt, sondern einen Anspruch an den sich in Freiheit entscheidenden Menschen darstellen kann.

Es ist ein Armutszeugnis für die katholische Theologie, daß, als Rahner ein halbes Jahrhundert später dasselbe Programm mit ähnlich scharfen Sätzen verkündet, es den meisten wie eine nie gehörte Neuerung in den Ohren klingt. In *Hörer des Wortes* stellt er fest, man pflege die Hinordnung des Menschen auf Offenbarung „damit zu begründen, daß einerseits eine solche Offenbarung tatsächlich ergangen sei und anderseits der Mensch aus seiner allgemeinen Pflicht des Gehorsams Gott gegenüber auch die Pflicht habe, seinen Befehlen zu gehorchen, also in unserem Fall seine Offenbarung gläubig anzunehmen. Nun geht aber logisch die metaphysische Begründung des Horchenmüssens, des Rechnenmüssens mit einer möglicherweise ergehenden Offenbarung dem tatsächlichen Ergehen einer solchen Offenbarung voraus. [...] es müßte auch grundsätzlich und von vornherein (also logisch vor der Überzeugung des tatsächlichen Ergangenseins der Offenbarung) gezeigt werden, daß eine so geartete Inanspruchnahme seiner Gehorsamspflicht, wie sie gerade der Glaube an die ergangene Offenbarung darstellt, wesentlich und apriori und für den Menschen von vornherein erkenntlich zu den notwendigen Formen dieser menschlichen Gehorsamsbetätigung Gott gegenüber gehören kann [...]. Denn nur wenn ein solches Horchen auf einen Befehl zur Konstitution des Menschen gehört [...], nur dann kann das Gehorchen auf einen tatsächlich ergangenen Befehl für den Menschen überhaupt eine konkrete Möglichkeit und Pflicht darstellen" (SW 4, 34/36).

Blondel erweist dieses Hingeordnetsein des Menschen auf Offenbarung in seinem Hauptwerk *L'Action* metaphysikfrei über eine Phänomenologie der „action", d. h. der Dialektik des menschlichen Wollens in seiner Spannung zwischen jeweils gesetztem Handeln und der Ursprungsbewegung eines reflex nie ganz einholbaren Tuns. Rahners *Hörer des Wortes* stellt demgegenüber die für ein breiteres Publikum gedachte Skizze der von Maréchal her in *Geist in Welt* entworfenen Erkenntnismetaphysik dar, erweitert um die Fragestellung, wie die „conversio ad phantasmata", die konstitutionelle Verwiesenheit auf die Sinnenwelt, als Verwiesensein in eine Geschichte zu denken ist, wenn die Frage nach dem „Sein im ganzen" immer schon eine Bejahung Gottes impliziert. Die Frage der Begründung der Religionsphilosophie „kann nur die Selbstbegründung der Metaphysik sein" (SW 4, 16). Gegenüber der Theologie, die „in ihrem ursprünglichen Wesen das Hören der von Gott nach seinem freien Ratschluß ergehenden Offenbarung" ist (ebd.), hat Religionsphilosophie „Ontologie der potentia oboedientialis für Offenbarung", der Hör-, Empfangs- und Gehorsamsfähigkeit für Offenbarung zu sein. Sie ist damit „ein inneres Moment der allgemeinen Seinslehre selbst und gleichzeitig eine metaphysische Anthropologie" (SW 4, 30).

Rahner situiert die so verstandene Religionsphilosophie in die damalige Diskussion um eine „christliche Philosophie". Heidegger hatte sie ein „hölzernes Eisen" genannt. Rahner lehnt sowohl das schultheologische Verständnis ab, wonach die christliche Philosophie von der Theologie als negativer

Norm grundlegende Kriterien zu empfangen habe. Er wendet sich aber auch gegen die etwa von É. Gilson vertretene Theorie, daß eine christliche Philosophie von der Offenbarung lerne. Eine solche „Bereicherung der Philosophie durch Probleme, die ihr von der Theologie gestellt werden", übersieht nach Rahner „den qualitativen Unterschied zwischen theologischer und philosophischer Begriffsbildung" (SW 4, 40). Die Position entspricht derjenigen Blondels innerhalb der französischen Auseinandersetzung, die Rahner aus *Le problème de la philosophie catholique* (1932) kannte.

Doch auch von zwei Grundgestalten protestantischer Religionsphilosophie setzt sich Rahner ab, einmal der „liberalen" Konzeption – die Linie von Schleiermacher bis Rudolf Otto steht für Rahner hinter diesem Etikett -, wonach „der in Lehre, Kult, Wort usw. zum Ausdruck kommende Inhalt der Religion [...] bloß die Objektivation des religiösen Zustandes des menschlichen Subjekts (sei dieses als Werterlebnis, als Gefühl schlechthinniger Abhängigkeit, als Erfahrung der Rechtfertigung, als Geisterlebnis oder wie immer aufgefaßt)" ist. Zum anderen wendet er sich aber auch gegen die in der „dialektischen Theologie" (besonders Karl Barth) vertretene Position, die das Wort des lebendigen Gottes derart als „Krisis alles Endlichen und Menschlichen" versteht, daß ihm gegenüber „alles Menschliche nur die absolute Verhüllung, Widerspruch [...] des sich in und durch die Verborgenheit und Widergöttlichkeit alles Endlichen offenbarenden Gottes ist" (SW 4, 44).

Geist in Welt konnte als ein weiterer Versuch moderner Thomasinterpretation gelesen werden – und wurde weitgehend auch so rezipiert. *Hörer des Wortes*, der Niederschlag einiger weniger Vorlesungen auf der Grundlage des in *Geist in Welt* bestellten Bodens, ist ein Schwellenwerk für die Theologie nach dem Zweiten Weltkrieg geworden. Dies zu erkennen ist allerdings durch mehrere Umstände erschwert.

Das 1941 – also mitten im Krieg – gedruckte Buch wurde von keiner breiten Leserschaft aufgenommen und nur von wenigen Gelehrten gründlicher untersucht (etwa H. Fries, K. Prümm, E. Quinn, H. Robbers; auch Hans Urs von Balthasar hatte sich schon 1939 zu den Salzburger Vorträgen geäußert). Erst die zweite, 1963 von J.B. Metz besorgte Auflage führte zu einer intensiven Diskussion des Werks, eines Werks allerdings, das durch die Neubearbeitung, die Metz mit Zustimmung Rahners (SW 4, 7) durchgeführt hatte, gegenüber dem ursprünglichen Entwurf beträchtliche Änderungen aufwies. Dem sorgfältigen Vergleich der beiden Versionen in der französischen Übersetzung von 1968 durch J. Hofbeck konnte man die Abweichungen schon entnehmen. Die Neuausgabe in den Sämtlichen Werkens Rahners dokumentiert jetzt beide Fassungen (SW 4).

Gehen wir aber zunächst von den Ansatzpunkten für die kritische Rezeption aus, die beiden Versionen gemeinsam sind. Um den *Geist in Welt* als offen auf ein in der Geschichte ergehendes Wort Gottes zu erweisen, mußte aus dem allgemeinen In-der-Welt-sein des Menschen, wie es im Anschluß an Aristoteles und Thomas dargestellt werden konnte, seine „Geschichtlichkeit" in einem Sinne kenntlich gemacht werden, der über den Denkhorizont von Antike und Mittelalter hinausging. Dies versucht Rahner im elften Kapitel – „Der Mensch als geschichtlicher Geist" – vor allem im Anschluß an die bei Heidegger gewonnene Kategorie der Zeitlichkeit. Allerdings gelingt es Rahner (auch darin Heidegger verhaftet) hier noch keineswegs, das zu klären, was Geschichtlichkeit als *Wort*geschehen ausmacht. Der Zugang zur interpersonalen Verfaßtheit des Menschen wird über seine „Wiederholbarkeit" gesucht (SW 4, 198).

Schon J. B. Metz merkte dazu an: „Diese Ableitung der Menschheit als der personalen Mitwelt des Menschen könnte genauer und sachlich erfüllter geboten werden" (SW 4, 201, Anm. 91). „Gleichwohl bleibt die grundsätzliche Frage, ob der hier entfaltete Ansatz im ganzen nicht noch einmal wiederholt werden müßte unter *anfänglicher* und *ständiger* Blicknahme auf die ursprüngliche und unableitbare Eigenart personalen Mitseins [...]" (SW 4, 217, Anm. 97). Die Frage, ob es Rahner überhaupt je gelungen ist, Intersubjektivität angemessen zu erfassen, ist seitdem nicht mehr verstummt.

Im engen Zusammenhang mit dem im Hinblick auf interpersonales Sein unzureichend bestimmten Begriff von Geschichtlichkeit steht ein anderer Fragekomplex, der noch schwieriger festzumachen ist. Die von Descartes, Kant und Fichte her geprägte „bewußtseinsphilosophische" Rezeption scholastischer Metaphysik hatte allgemein in der Maréchalschule zu einem Übergewicht der Subjektivität gegenüber der Objektwelt geführt. Schon in Rahners „Exzerpt" zum Maréchalschen Hauptwerk deutete sich an, daß er den Kontakt des Subjekts zum Sein vornehmlich in der Teilhabe des Intellekts an den „ersten Prinzipien" der Metaphysik, nicht in der Erfahrung des Seienden selbst ansetzte. So ist auch für *Hörer des Wortes* kennzeichnend, daß das begegnende andere gerade in seinem Charakter von Seins*defizienz* die Bewegung auf einen sich möglicherweise mitteilenden Gott offenhält: das eigentlich Tragende bleibt der „Vorgriff" und seine wesentliche Nichterfüllbarkeit durch das in der Welt Begegnende. Wie kann diese philosophische Anthropologie aber Vorblick auf einen Gott sein, der sich „im Fleisch" ein-für-allemal zu erkennen gibt? Steht sie mit ihrem Erwartungshorizont nicht gerade dieser Möglichkeit entgegen?

Hier liegt einer der wesentlichsten Differenzpunkte zwischen K. Rahner und H. U. von Balthasar, dem anderen großen Vermittler zwischen katholischer Theologie und modernem Denken in diesem Jahrhundert. Balthasar betont, daß nur in der sich objektiv-geschichtlich zeigenden „Gestalt" selbst das Sein und schließlich der Gott der Offenbarung vernehmbar werden. Alles transzendentale Vorgreifen des Subjekts unterwirft die Wirklichkeit bloß einem verfügenden Raster, in dem sie nicht mehr unverstellt zur Sprache zu kommen vermag.

Diese Umkehr der Perspektive weist Ähnlichkeiten mit der Entschiedenheit auf, in der nach E. Levinas das „Antlitz des Anderen" die Intentionalität des Subjekts im Sinne Husserls erst zerbrechen muß, damit authentische Existenz stattfinden kann. Beide Denker bleiben mit dieser phänomenologisch einleuchtenden Alternative zur „cartesianisch-kantianischen" Philosophie allerdings der kritischen Frage ausgesetzt, wie sie sich gegenüber dem Vorwurf eines „Intuitionismus" oder gar „Dezisionismus" verteidigen wollen. Versuche, auf transzendentalem Wege zwischen Rahner und von Balthasar zu vermitteln (Verweyen 1969, 1991), stecken noch in den Anfängen.

Damit sind wir nun an den Punkt gelangt, von dem her *Hörer des Wortes* von 1941 am deutlichsten als ein „Schwellenwerk" im Denken Rahners (und darüber hinaus!) erkennbar wird. Es stellt das letzte im eigentlichen Sinn *philosophische* Werk Rahners dar. Dabei ist allerdings bemerkenswert, daß Rahner zwar ausdrücklich den rein philosophischen Charakter der Schrift betont, aber gleichzeitig klarmacht, eine solche anthropologische Grundlegung könne ebensogut als ein theologisches Unternehmen durchgeführt werden. Es geht hier – wie die zentrale Passage deutlich macht – um eine wissenschaftstheoretisch heikle Bestimmung innerhalb des Verhältnisses von Theologie und Philosophie.

Eine der Theologie selbst vorausliegende wissenschaftstheoretische Begründung einer Offenbarungstheologie könne sich nur auf die apriorische Möglichkeit des Hörenkönnens einer möglicherweise ergehenden Offenbarung, nicht auf das Wort Gottes selbst erstrecken. „Und auch so muß noch (vorläufig wenigstens) fraglich bleiben, ob und in welchem Sinn der Mensch so etwas wie ein ‚Gehör' für die möglicherweise ergehende Offenbarung Gottes in sich entdecken könne, *bevor* er tatsächlich so etwas gehört hat und *dadurch* weiß, daß er hören kann. [...] Unsere Frage geht also von vornherein nicht auf den Menschen als wirklichen Theologen, sondern auf den Menschen als das Seiende, zu dessen Wesensmöglichkeiten es gehört, Theologe zu werden, *wenn* die freie, unberechenbare Botschaft Gottes an ihn ergeht" (SW 4, 18).

Dabei läßt Rahner die Frage ausdrücklich „außerhalb unserer Betrachtung", ob „dann zur Konstitution einer wirklichen Theologie im Menschen nur noch erfordert ist, daß die Botschaft als äußeres Offenbarungswort den Menschen treffe, oder ob außer der in einer metaphysischen Anthropologie feststellbaren menschlichen Empfänglichkeit für diese Botschaft noch eine innere gnadenhafte Erhöhung des Menschen wesentlich erfordert sei, damit die gehörte Botschaft wirklich Theologie sei [...]. Es ist dies eine bis heute in der katholischen Theologie strittige Frage nach der Bedeutung des übernatürlichen Lichtes der Gnade für den Glauben und damit für eine auf dem Glauben und seinen Prinzipien gründende Theologie. Es wäre diese Fragerichtung natürlich an sich ebenso geeignet, um das ganze Problem des Verhältnisses zwischen Theologie und Religionsphilosophie zu klären. [...] Diese Richtung der Betrachtung würde wohl von selbst zu einer betonteren Herausarbeitung des Unterschiedes zwischen Theologie und Religionsphilosophie führen. Wir gehen aber hier den umgekehrten Weg: von dem natürlich erkennenden Menschen nicht zwar zu einer gläubigen Theologie in deren innerem Wesen, was nach dem Gesagten aus dem Wesen der Theologie heraus unmöglich ist, wohl aber zu einer Analytik der Möglichkeit, die Offenbarung Gottes zu vernehmen, als der Seinsmöglichkeit, die eigentlich erst den Menschen grundsätzlich in seinem vollen entfalteten Wesen konstituiert" (SW 4, 18/20).

Leider ist dieser Text der ersten Auflage – mit entsprechenden anderen Stellen – in der zweiten Auflage so weit kommentarlos gekürzt bzw. verändert, daß von dieser her nicht mehr nachzuvollziehen ist, welch interessante Wege das Denken Rahners in seiner Entwicklung von einer transzendental konzipierten Religions*philosophie* hin zu einer transzendentalen *Theologie* genommen hat. Worin besteht der wesentlichste Unterschied der Fassung von 1963 gegenüber der von 1941? Rahner hat sich inzwischen in der genannten „strittigen Frage" auf die Seite derer geschlagen, die annehmen, daß ohne das übernatürliche Licht der Gnade der Mensch nicht wirklich auf die Offenbarung in Jesus Christus hingeordnet sein könne. Aber er vertritt diese Position in einer höchst originellen Variante: Jenes Licht der Gnade wird ausnahmslos allen Menschen in der Form eines „übernatürlichen Existentials" zuteil. In dieser Universalität kann Rahner es – trotz seiner geschichtlichen Abkünftigkeit vom Kommen Jesu Christi – als ein allgemeines

„Apriori" des Menschen verstehen und seine Theologie als eine *transzendentale* begreifen.

Als Hauptgrund für diese Wende in seinem Denken gibt Rahner 1950 an, nur dadurch könne die Ungeschuldetheit der Gnade in einer auf die Offenbarung hin ausgelegten Anthropologie gewahrt bleiben. Wir werden darauf noch näher eingehen (IV.5). Mit diesem rein theologischen Argument wird in der zweiten Auflage von *Hörer des Wortes* nun aber ein weiteres verquickt. Die hier unternomme „Analytik des Hörenkönnens" könne „von sich aus gar nicht den Anspruch erheben, in einem theologischen Sinn ‚rein metaphysisch' zu sein, da einerseits die metaphysische Reflexion von sich her immer von einer unverfügbaren, reflex nicht adäquat einholbaren geschichtlichen Situation umgriffen ist und sich in dieser Unverfügbarkeit auch gegenwärtig ist, und da anderseits das ‚übernatürliche Existential' zu diesen gegebenen und doch unreflektierbaren Momenten einer solchen Situation gehören kann" (SW 4, 19 Anm. 8).

Auf den ersten Blick schließt dieser Text nur eine *rein metaphysische* Analytik des Hörenkönnens aus und dies allein in einem *theologischen Sinn.* Dies ginge mit manchen späteren Äußerungen Rahners konform, die in dieselbe Richtung weisen. Tatsächlich greift die Behauptung aber viel weiter und zwar aufgrund einer spezifisch *philosophischen* Argumentation. Die „metaphysische Reflexion [sei] von sich her immer von einer unverfügbaren, reflex nicht adäquat einholbaren geschichtlichen Situation umgriffen [...] und sich in dieser Unverfügbarkeit auch gegenwärtig". Setzt man statt „metaphysische" allgemeiner (und richtiger) „apriorisch-transzendentale" (Reflexion), so kommt hier die heute in der Folge des „linguistic turn" geradezu generell vertretene philosophische Annahme zur Geltung, wonach wegen der grundsätzlichen geschichtlichen bzw. sprachlichen Bestimmtheit allen Denkens eine „erste Philosophie" überhaupt – sei es im aristotelischen, sei es im cartesischen Sinne oder auch im thomistisch-kantianischen Verständnis der „Maréchalschule" – so etwas wie ein hölzernes Eisen darstellt. Wenn das Denken ein bloßes „Epiphänomen

49

der Sprache" ist, dann wird ein radikales Hinterfragen der je geltenden Wahrheits*ansprüche* auf den letzten Grund ihrer Gültigkeit obsolet.

Diesem sprachlich-geschichtlichen Voraus zu allem Denken, hier: „diesen gegebenen und doch unreflektierbaren Momenten einer solchen Situation" wird nun auch das „übernatürliche Existential" zugeordnet. D.h., eine gnadentheologische Theorie Rahners fungiert als Anknüpfungspunkt dafür, die in jahrhundertelanger Arbeit abendländischen Denkens errungene Frage nach philosophischen Kriterien letztgültiger Wahrheit aufzugeben, demzufolge die geschichtlich je dominierenden Mächte, sedimentiert im „Spiel der Sprache", das Denken bis in seine letzten Wurzeln hinein bestimmen.

Im Grunde ist damit aber bereits die Dämmerung auch für die transzendentale *Theologie* angebrochen. Wird nämlich die Übergewichtigkeit des subjektiven Vorgriffs, wie er für das Denken der Maréchalschule kennzeichnend ist, theologisch als „transzendentale Offenbarung" verstanden, so daß demgegenüber die konkrete geschichtliche Welt als Raum der „kategorialen Offenbarung" geradezu sekundär erscheinen kann, dann liegt die Transposition des oben genannten Einwands von Balthasars in den Rahmen der Politischen Theologie nahe. Entsprechend stellt J. B. Metz fest: „Der in der transzendentalen Subjekttheologie ausgearbeitete Begriff der Erfahrung hat nicht die Struktur geschichtlicher Erfahrung. Er bringt nämlich jene gesellschaftlichen Widersprüche und Antagonismen, aus denen geschichtliche Erfahrung leidvoll lebt und in denen das geschichtliche Subjekt sich konstituiert, zum Verschwinden in der Ungegenständlichkeit einer vorgewußten ‚transzendentalen Erfahrung', in der diese Widersprüche bereits undialektisch versöhnt sind. Die transzendentale Subjekttheologie wirkt deshalb wie eine Überlegitimation der Identität des religiösen Subjekts angesichts der geschichtlichen Leiden des Menschen" (Metz 1977, 62).

5. „Worte ins Schweigen"

Rahners Analyse des menschlichen Daseins auf eine konstitutionelle Offenheit für ein geschichtlich ergehendes Wort Gottes führt auf ein solches Horchen auf Offenbarung hin, das gegebenenfalls auch mit einem völligen Sich-Verschweigen Gottes rechnet. Der Mensch ist „von vornherein aus seinem ursprünglichen Wesen heraus schon hingerichtet [. . .] auf das geschichtliche Vorkommnis einer Offenbarung, wenn eine solche sich ereignen sollte, und, wenn Gott als freier sich nicht offenbaren, sich verschweigen wollte, [käme] der Mensch darin zur letzten Tat seiner geistigen und religiösen Existenz [. . .], daß er auf das Schweigen Gottes hörte" (SW 4, 26). „Denn selbst unter der Voraussetzung des Sichverschweigens Gottes vernimmt der Mensch [. . .] ein Wort Gottes: sein Schweigen. Und selbst in diesem Fall wäre die letzte existentiell entscheidende Haltung des Menschen die Beugung unter diesen schweigenden Gott [. . .]" (SW 4, 272).

Diese Feststellungen Rahners sind vielfach kritisiert worden (bes. Greiner 1978, 203-206): Setzt man nicht bereits die Begegnung mit einem personalen Gott voraus, dessen Schweigen allerdings sehr beredt sein kann, so kommt die aufgewiesene konstitutionelle Hinordnung des Menschen auf möglicherweise nichts als das Ausbleiben von Offenbarung dem aus der griechischen Mythologie bekannten Götterfluch des Tantalus oder des Sisyphus gleich. Wie kommt Rahner dazu, das Harren auch auf einen sich möglicherweise verschweigenden Gott als sinnvoll anzusehen?

Neuerdings hat man die Quelle für den Gedanken bei Max Scheler ausfindig machen wollen (Kobusch 1994). Man könnte auch auf das Buch des Religionsphänomenologen G. Mensching, *Das heilige Schweigen* (1926) verweisen, das Rahner im zeitlichen Umfeld von *Hörer des Wortes* zitiert (1939, 5). Doch das wäre nur antiquarisch interessant, wenn es nicht gleichzeitig ein Beleg dafür wäre, in welch breitere Kontexte der Gedanke gehört: Im Raum nicht nur der christlichen Religion dient die Metaphorik des Schweigens zur Beschreibung der Tiefendimension der Begegnung mit dem Heiligen. Sichtet man die Texte bei Rahner genauer als Greiner dies tut, so fallen einem viele Schriften und Manuskripte schon der späten Dreißiger und frühen Vierziger auf, in denen dieser Phänomenkomplex präsent ist.

In dem Aufsatz von 1937 *Die ignatianische Mystik der Weltfreudigkeit* spricht Rahner direkt den Gedankengang der Salzburger Vorlesungen an: „die menschliche Metaphysik [...] steht einer freien, in sich verschlossenen Person gegenüber, dem sich in sich verschweigenden Gott, dem θεὸς σιγῶν, wie Origenes ihn einmal nannte. Und was dieser unendliche Gott in sich ist, und wie dieser freie persönliche Gott vielleicht und möglicherweise mit uns handeln will, diese dunkle und doch über unsere Existenz entscheidende Frage kann das natürliche Licht der Vernunft nicht aufhellen" (ST 3, 337; vgl. auch ST 3, 318 f.; KRA I A 24).

In seiner wohl eindrücklichsten Gestalt begegnet der Gedanke in der Sammlung von Gebeten, die Rahner 1937 (also zeitlich parallel mit seinen Salzburger Vorträgen) niedergeschrieben und dann unter dem Titel „Worte ins Schweigen" veröffentlicht hat (in Buchform erstmals 1938):

„[...] warum fange ich [...] überhaupt an, dir von dir zu reden? Warum quälst du mich mit deiner Unendlichkeit, wenn ich sie doch nie ermesse? Warum zwingst du mich auf deine Wege, wenn sie doch nur in die dunkle Unheimlichkeit deiner Nacht führen, die nur dir selber licht ist? Das Endliche und Umgreifbare nur ist uns wirklich und erreichbar nahe; kannst du mir da wirklich und nahe sein, wenn ich dich als den Unendlichen bekenne? [...] Wie kann ich dich anders nennen, als den Gott meines Lebens? Aber was habe ich damit gesagt, wenn doch kein Name dich nennt und ich darum immer versucht bin, von dir mich fortzuschleichen zu den Dingen, die, begreiflicher als du, meinem Herzen heimlicher sind als deine Unheimlichkeit?

Doch wohin sollte ich gehen? [...] Ist die Erde mir Heimat, wenn nicht dein ferner Himmel über ihr steht? Ja selbst wenn ich mich mit dem bescheiden wollte, was heute so manche a. den Sinn ihres Lebens verkünden, wenn ich trotzig entschlossen meine Endlichkeit erkennen und mich zu ihr allein bekennen wollte, ich könnte diese Endlichkeit nur darum wachen Geistes erkennen, nur darum als mein einziges Schicksal auf mich nehmen, weil ich immer schon zuvor hinausgeblickt habe in grenzenlose Fernen, an deren verschwimmenden Horizonten die Unendlichkeiten deines Lebens beginnen. Denn alle meine Endlichkeit versänke in ihrer eigenen dumpfen, sich selbst verborgenen Enge, sie könnte nicht zum sehnenden Schmerz und nicht zum entschlossenen Sichabfinden werden, hätte nicht der wissende Geist sich immer schon hinausgeschwungen über seine Endlichkeit, hinaus in die lautlosen Weiten, die du, die schweigende Unendlichkeit, erfüllst" (1984b, S. 20–22).

Dieser Text ist wesentlich ein Stück *Theologie*; er entspringt einer tiefen Gotteserfahrung, gegen die philosophische Einwände nicht mehr aufzukommen vermögen. Von daher fällt – im Sinne einiger neuerer Arbeiten zu Rahner – ein anderes Licht auf seine Werke aus der Zeit, die wir hier als „philosophische" bezeichnet haben. Macht sich nicht immer wieder – so kann man fragen –, auch bereits in dieser frühen Zeit, seine „ignatianische Grunderfahrung" geltend, eine Erfahrung, die, wirklich existentiell vollzogen, es vielleicht gar nicht mehr erlaubt, Philosophie als eine methodisch selbständige Disziplin *durchzuführen?* Selbst wenn diese Frage – sei es im Sinne der Ignatianischen Exerzitien oder Martin Heideggers – zu bejahen wäre, darf dies dennoch nicht zu dem Kurzschluß verleiten, Rahner habe in jenen Jahren nicht ernsthaft Philosophie *betrieben.* Daß insbesondere *Geist in Welt* und *Hörer des Wortes* eindeutig als philosophische, d. h. methodisch von theologischen Annahmen freie Arbeiten von Rahner verfaßt und intendiert wurden, dürfte kaum mit plausiblen Argumenten zu widerlegen sein.

III. Der Beginn theologischer Lehrtätigkeit

Der Übergang in die Theologie entsprach Rahners Interessen. Sein Brief an den Provinzial im Juli 1936 über das Scheitern des Freiburger Dissertationsvorhabens läßt deutlich die Zufriedenheit über die neue Tätigkeit in Innsbruck erkennen (SW 2, XXVf.). Auch seine Veröffentlichungen in dem Jahrzehnt philosophischen Arbeitens 1927–1936 zeigen die primär *theologische* Ausrichtung (abgesehen von kurzen Rezensionen finden sich keine philosophischen Publikationen!). Die Themen dieser Arbeiten sind nicht dem „harten" Kernbereich systematisch-theologischer Fragen entnommen, die der Dogmatikprofessor in Innsbruck bald angehen wird, sondern der Theologiegeschichte und der spirituellen Theologie. Die Konzentration des älteren Bruders Hugo auf das Studium der Kirchenväter dürfte auch Rahners Interessen beeinflußt haben.

1. Kleinere Arbeiten zur Frömmigkeitsgeschichte

Zu den frühen Themen (1932 ff.) gehört etwa die patristisch-mittelalterliche Lehre von den „geistlichen Sinnen". Seit Origenes (ca. 185–254), dem großen, umstrittenen und trotz seiner posthumen Verurteilung prägenden griechischen Kirchenvater, werden die fünf Sinne als Analogie zur Deutung der religiösen bzw. mystischen Erfahrung verwendet. Bonaventura hat im Mittelalter diese Überlegungen breiter ausgebaut. Mit beiden Theologen befassen sich zwei frühe, auf Französisch erschienene Aufsätze Rahners, die erst 1975 in deutscher Sprache veröffentlicht wurden (ST 12, 111–172). Nimmt man hinzu, daß die „Anwendung der Sinne" auch in der Spiritualität des Ordensgründers der Jesuiten, Ignatius von Loyola, ein bedeutsames Kapitel darstellt, so kann man ahnen, daß es hier um eine religiös-anthropologisch keineswegs entlegene Frage geht.

K. H. Neufeld hat auf die Parallele dieses Topos zur Fragestellung einer „Metaphysik auf dem Boden der *Sinn*lichkeit" hingewiesen (in: Raffelt 1994, 33 u. ö.). Man braucht solche Parallelen nicht zu bestreiten, auch wenn man der Ansicht ist, daß es eine genuin philosophische Fragestellung bei Rahner gibt. Diese Differenz markiert Rahner selbst deutlich, wenn er Recht und Grenzen der Analogie aufzeigt: „Der unmittelbare Charakter mystischer Erfahrung wird immer mit Bildern beschrieben werden, die aus der Welt sinnlicher Wahrnehmung entnommen sind. Selbst die feinsten Unterschiede zwischen den verschiedenen mystischen Erfahrungen lassen sich immer noch am besten dem Laien mit Hilfe von Vergleichen erklären, die aus den sinnlichen Wahrnehmungen stammen; allerdings rührt das auch an die Grenze von Analogien. Will man fünf verschiedene Kräfte annehmen, die analog den leiblichen Fähigkeiten entsprechen, dann geht man doch ziemlich weit über die wirklichen Gegebenheiten hinaus. Will man dagegen diesen Nachteil vermeiden – und das versucht man fast immer – und beschreibt die Sinne als Akte von Intelligenz und Willen, dann läßt sich nicht mehr sehen, warum es gerade fünf Arten solcher intellektueller Akte geben soll. Damit hat der Gedanke aber sein Recht verloren; denn er trägt keine neue Kenntnis mehr bei und sagt nichts mehr über das hinaus – selbst wenn bisweilen gut gewählte Metaphern aus der sinnlichen Erkenntnis gewählt werden –, was sich auch ohne ihn sagen ließe" (ST 12, 171).

Rahner geht es hier um eine genauere Erfassung des Phänomens religiöser bzw. mystischer Erkenntnis, um eine Hinterfragung der klassischen theoretischen Schemata, mit denen sie erläutert wird. Und dafür ist letztlich weniger eine Lehre von den geistlichen Sinnen von Bedeutung als die Erfahrung, die in ihr zum Ausdruck kommt und die mit diesen Metaphern beschrieben werden soll: „Die Forschungen über die Sprache der Mystiker in bezug auf die Verwendung von Metaphern und Bildern könnten dann vielleicht auch einen Bereich eröffnen, in dem der Mystiker auf die ursprünglichste Weise seine Erfahrung beschreibt und wo er bewußt oder unbewußt sich am wenigsten entsprechend den Kategorien seiner Philosophie ausdrückt, so daß sich daraus eine unabhängigere Darstellung von sekundären und reflektierten Beschreibungen der Mystik entwickeln ließe. Die sekundären und reflektierten Beschreibungen sind ja immer ein Spiegelbild von außer-mystischen Sichtweisen" (ST 22, 172).

Auch andere – anscheinend wesentlich abseitigere – Untersuchungen Rahners gelten dem Phänomen geistlicher Erfahrung. So beschäftigt sich etwa die Untersuchung eines altkirchlichen griechischen Textes unter dem Titel *Ein messalianisches Fragment über die Taufe* (1937) mit der noch „orthodoxen" Version einer im 4. Jahrhundert entstandenen syrisch-kleinasiatischen Bewegung enthusiastischer Spiritualität. Es geht dort um den sachlichen Grund wirklichen Christseins und um die Bedeutung sakramentaler Handlungen (Taufe), die notwendig, aber unzureichend sind: „Dieser wahre Grund unseres Christseins, der auch dessen einzige und sichere Bezeugung ist, ist daher auch das Notwendigste und Höchste im ganzen Christentum", faßt Rahner die These des Fragments zusammen: „Er besteht in der mystischen fühlbaren Erfahrung der Gnadenwirkung des Geistes in unsern Herzen" (1937, 261). „Dieses Fragment liest sich wie eine griechische Übersetzung einer pietistischen Abhandlung über das *testimonium Spiritus Sancti*, durch das der Mensch seiner Rechtfertigung und Heiligung gewiß und getrost wird" (1937, 262). Diese frühen Arbeiten sind für die Rekonstruktion der Entstehung der Rahnerschen Theologie und seiner damals verfolgten Absichten von großer Bedeutung. Das läßt sich jedoch wohl nur von der Gestalt seiner späteren Theologie selbst her adäquat erkennen.

2. Gnadenlehre – die Mitte der Theologie

Theologie im jesuitischen Studiengang zu lehren – wie es in Innsbruck Rahners Aufgabe wurde – bedeutet nun allerdings kein freies Verfolgen von eigenen Interessen. Im Innsbrucker

Studiengang waren die Vorlesungen thematisch genau auf die einzelnen Professoren verteilt. Rahner war von Anfang an – wie wieder aus dem genannten Brief an seinen Provinzial ersichtlich ist – mit Hauptvorlesungen betraut. Es ist wichtig zu wissen, daß er nur einen Teil des Dogmatik-Kurses zu lesen hatte und ganz grundlegende Vorlesungen nicht zu seinem Aufgabenbereich gehörten. So hat er z.B. Christologie erst in seiner späteren Zeit in Münster gelesen. Die Themen, die Rahner schließlich im Laufe seiner Innsbrucker Tätigkeit umfangreich ausgearbeitet hat, waren die Gnadenlehre – seine erste Vorlesung –, die Theologie der Buße, die Schöpfungslehre, später die Mariologie.

Trotz des Zwangs zu Vorlesungen in einem fest umschriebenen Curriculum läßt sich aber doch eine Kongruenz jener Themen mit Schwerpunkten von Rahners Arbeit und auch mit vorangehenden theologischen Texten erkennen, zumindest wenn man die – von der Gnadenlehre aus nicht schwierige – Ausweitung auf das geistliche Leben hinzunimmt. Rahner hat in seinem ersten Jahr als Lehrender überdies noch eine weitere umfangreichere Arbeit auf sich genommen, indem er die Einführung in die geistliche Theologie der Kirchenväter von Marcel Viller nicht nur aus dem Französischen übersetzte, sondern durch umfangreiche Bibliographien ergänzte, Änderungen und Einschübe anbrachte (z.B. zu Evagrius Ponticus und Augustinus) und sie so um etwa das Doppelte erweiterte (*Aszese und Mystik in der Väterzeit,* 1939). Das bleibt auch später für sein Schaffen kennzeichnend: Trotz der notwendigen Konzentration auf bestimmte Arbeitsgebiete hat er immer den Blick auf das Ganze der Theologie ausgeweitet. Dies wird inhaltlich zu zeigen sein, läßt sich aber auch durch andere Fakten belegen. So hat er mit seinem damaligen Ordensbruder Hans Urs von Balthasar 1939 *Über den Versuch eines Aufrisses einer Dogmatik* nachgedacht. Den (auf eigene Verantwortung überarbeiteten) Entwurf veröffentlichte er 1954, nachdem das Gemeinschaftsprojekt der Realisierung einer solchen Dogmatik schon gescheitert war (ST 1, 9–47, beide Fassungen in SW 4, 404–448).

„Theologie aus Erfahrung der Gnade" (vgl. Delgado 1994): das ist keine schlechte Formel für den Grundantrieb des Rahnerschen Denkens. Die Gnadenlehre stellt gewissermaßen die *Sachlogik* seiner Theologie dar. In ihr werden die tragenden formalen Strukturen entwickelt. Diese Theologie ist aber von Rahner als streng *begrifflich* arbeitende Wissenschaft gesehen, die nicht unmittelbar auf Erfahrung rekurriert. Vorschneller Vermittlung war er nicht zugetan, trotz des ständigen gleichzeitigen Bemühens um eine geistliche Durchdringung solcher Theologie.

Doch auch damit ist das besondere Charakteristikum Rahnerscher Theologie noch nicht zureichend erfaßt. Er hat die in Innsbruck – auch durch seinen Bruder – propagierte „Verkündigungstheologie" unterstützt (vgl. SW 4, 337–345), hat ebenso den zweiten Band der Dogmatik von Michael Schmaus positiv gewertet als Schritt auf eine Theologie hin, die engere Tuchfühlung mit der Verkündigung hat als die neuscholastische Schultheologie (SW 8 bzw. ZKTh 63 [1939] 226–229) – merkt dann aber schließlich doch zum dritten Band desselben Lehrbuchs an, er habe „den Eindruck, daß der theologische Unterricht neben dieser Dogmatik eine mehr schulgerechte wird benützen *müssen*" (SW 8 bzw. ZKTh 65 [1941] 48).

Warum dieses „müssen"? Rahner unterstellt Schmaus – oder anderen Denkern wie etwa auch v. Balthasar, die schon damals den Rahmen scholastischer Terminologie verließen – sicherlich nicht ein geringeres Maß an Wissenschaftlichkeit. Aber es geht ihm um ein wesentliches Moment von Vermittlung, das nicht erst nach dem Zweiten Vatikanischen Konzil vernachlässigt wurde. „Die Zeichen der Zeit" beachten – das meint gewiß zunächst und vor allem die Kraft und den Willen zum „Aggiornamento", zu einer theologischen Rede, die sich der je neuen geschichtlichen Stunde angemessen auszudrücken vermag. Zu diesen „Zeichen" gehörte damals aber doch auch eine seit langem in Geltung befindliche Rede. Diese erwies sich zwar Innovationen gegenüber als äußerst sperrig. Holt man die Kirche aber nicht im Herzen der ihr vertrauten Rede ab, dann kommt es leicht zu jenen Polarisierungen zwischen „der Avantgarde" und „den Traditionalisten", die heute vielleicht das bedrohlichste „Zeichen der Zeit" ausmachen und eine Sprachverwirrung nach sich ziehen, in der auf beiden Seiten an die Stelle von Kommunikation Kraftakte – hier vermeintlicher Autorität, dort forcierter Volksnähe – treten.

„Schultheologie" ist in Rahners Werk ein häufiges Stichwort. Die diesbezüglichen, eher saloppen Bemerkungen im Spätwerk dürfen nicht darüber hinwegtäuschen, daß Rahner selbst Schultheologie betrieben hat und vor allem: betreiben *wollte*. Aus der Auseinandersetzung mit den drängendsten aktuellen Problemen kommend und im Rückgriff auf die Tradition der Väter, die in der Scholastik und besonders der Neuscholastik aus dem Blick geraten war, greift sein Denken zunächst das in Geltung befindliche Wort auf und versucht in dessen Horizont offene Stellen auszumachen, von denen her das Wagnis zum Neuen ohne Furcht vor Identitätsverlust begründet erscheint. Er glaubt sich um so mehr dazu berechtigt, als er ja soeben im philosophischen Gespräch mit Maréchal und Heidegger aufzuweisen versucht hatte, wie sehr das Werk des Hauptgewährsmanns der scholastischen Tradition, Thomas von Aquin, mit dem Denken der Neuzeit vereinbar war. Rahners spätere weltweite Rezeption im neuscholastischen Denken verdankt sich nicht primär einem geschickten taktisch-strategischen Umgang mit den geltenden Autoritäten – sosehr auch dies zu seinen Fähigkeiten gehörte. Es ging ihm bei der drängenden Aufnahme des Neuen um eine innere Umwandlung der traditionellen Theologie, und zwar aus ihren eigenen Quellen, ihrer eigenen Kraft.

Gerade das Thema seiner ersten Vorlesungen, die Gnadenlehre, bot eine ausgezeichnete Gelegenheit für Rahners methodisches Programm. Seit der Gegenreformation war die Lehre von der Gnade zu einem Tummelplatz theologischer Spitzfindigkeiten geworden. Erbitterte Grabenkämpfe in der katholischen Gelehrtenwelt hatten zu einer ständig komplexeren Begrifflichkeit geführt, in der man die biblische Botschaft kaum noch wiederzuerkennen vermochte. (Man lese einmal nach, wie schon Blaise Pascal in den ersten Briefen der *Lettres provinciales* die Diskussionen der Sorbonne ironisiert!) Nicht nur ökumenisch war diese binnenkatholische Nabelschau äußerst suspekt. Sie ließ sich Menschen, die der „selbst verschuldeten Unmündigkeit" (Kant) entronnen waren, kaum noch vermitteln. Die Theorie spiegelte und petrifizierte zugleich die Praxis. „Gnadenlehre" war zu einer Lehre über den Plural von objektiven Gnadenmitteln geworden. Das hieß in der Realität des Sakramentenvollzugs: Es war Aufgabe des Klerus, aus dem durch die Verdienste Christi und der Heiligen angesammelten „Schatz der Kirche" nach präzisen und detaillierten Anweisungen der Hierarchie „Gnaden" an „die Gläubigen" weiterzuleiten.

Rahners Lehrtätigkeit setzt ganz unspektakulär genau bei diesen kirchlich-theologischen Vorgegebenheiten an. Er legt schlicht das lateinische Lehrbuch „Über die Gnade" seines eigenen Lehrers H. Lange zugrunde. Aber er nennt die Vorlesung „Über die Gnade *Christi*". Damit ist bereits ein entscheidender Akzent gesetzt. Angemessen über „Gnaden" sprechen läßt sich nur im Blick auf die für alles grundlegende Gabe, die Christus selber ist. Die Vorlesung beginnt nicht mit den formalistischen Einteilungsfragen, die das Thema Gnadenlehre in der neuzeitlichen Theologie zum Ärgernis werden ließen – und die auch bei Lange voranstehen –, sondern mit dem Kapitel über den Heilswillen Gottes für alle Menschen (der sog. „allgemeine Heilswille"). Mit diesem Schritt aus der Verengung ist bereits eines der Themen angeschlagen, das Rahner zeitlebens beschäftigt hat: das Heil für alle Menschen über die engen Grenzen der Institution Kirche hinaus.

Die Edition der Rahnerschen Vorlesungen zur Gnadenlehre und damit die exakte Übersicht über ihre chronologische Entwicklung steht noch aus. Zugänglich sind die Vorlesungen in diversen in Innsbruck hektographierten Codices. Wesentliche Punkte sind aber aus der grundlegenden Arbeit von N. Schwerdtfeger (1982) und aus den Vorarbeiten des Herausgebers dieses Bandes der Gesamtausgabe (vorgesehen als SW 5), R. Siebenrock (in: Delgado 1994), erkennbar. Das Wesentliche ist aber auch den gedruckten Schriften zu entnehmen.

Diese Veröffentlichungen haben die Rezeption von Rahners Theologie bestimmt und reichen als Grundlage für die hier zu gebende Einführung aus, in der wir ohnehin – in der sich von der Chronologie der Rahnerschen Werke her ergebenden Reihenfolge – nur auf einige zentrale Aspekte der Thematik eingehen können.

Es sind vor allem zwei Punkte, an denen Karl Rahner (mit den Mitteln der Schultheologie) aus der festgefahrenen Unübersichtlichkeit der Neuscholastik herausgeführt hat. Zum einen gelingt es ihm, den Begriff der Gnade selbst systematisch so zu bestimmen, daß hier Tradition wieder offen auf Innovation wurde. Zum anderen geht er bei der Darstellung des Verhältnisses von „Natur und Gnade" einen Weg, der es dem kirchlichen Lehramt ermöglicht hat, seine jahrzehntelange Selbstverstrickung in eine antimodernistische Abwehrhaltung zu überwinden.

Der erste Schritt ist bereits Gegenstand eines (noch in Innsbruck verfaßten) Aufsatzes von 1939: *Zur scholastischen Begrifflichkeit der ungeschaffenen Gnade*. Die neuzeitliche Theologie hatte die „geschaffene Gnade", d. h. die Wirkungen des gnadenhaften Handelns Gottes im Menschen, in den Mittelpunkt gestellt. Dabei wurde das viel umfassendere biblische Verständnis von Gottes befreiendem Handeln – an seinem Volk, an allen Menschen, schließlich am je einzelnen – fast vollständig von „Gnade" im Sinne von Erlösung (von „Gnade vor Recht ergehen lassen") im Blick auf den einzelnen Sünder überlagert. In der katholischen Theologie speziell hatten solche Verkürzungen überdies zu dem oben beschriebenen verobjektivierenden Verständnis von kirchlich zu verwaltenden Gnadenmitteln geführt.

Rahner stellt demgegenüber heraus, daß die eigentliche Befreiung des Menschen in der „ungeschaffenen Gnade" besteht: Gott selbst teilt sich dem Menschen als ganzer mit. Durch dieses „Einwohnen des Geistes" steht der Mensch in Gottes „ungeschaffener Gnade". Alle weiteren begrifflichen Differenzierungen, die darüber hinaus nötig werden (etwa um ein „pantheistisches" Mißverständnis dieser Aussage abzuwehren), dürfen nicht dazu führen, daß das ursprüngliche Verhältnis von Gnade als göttlicher Selbstübereignung aufgelöst wird in eine Betrachtung von Gnade(n) als objektiver Gegebenheit.

Den theologischen Ansatzpunkt für diese Reaktualisierung biblischer und patristischer Theologie in scholastischer Sprache findet Rahner in der Lehre von der „visio beatifica", der seligen Schau Gottes, wie das Ziel der menschlichen Existenz in der traditionellen Theologie heißt. Diese Lehre bedenkt er nun aber auf der Basis seiner Thomasinterpretation, wie wir sie vor allem in *Geist in Welt* finden: „Wir setzen hier die allgemeine Erkenntnismetaphysik des hl. *Thomas von Aquin* voraus und fragen von da aus, was gemeint sei, wenn nach Thomas in der unmittelbaren Gottesschau das Wesen Gottes selbst die *species (impressa)* im geschaffenen Geist vertritt" (ST 1, 355). Diese *species*, dieses „Bild" ist ja nicht gewissermaßen ein „Abziehbild" des Erkannten, sondern das „Bei-sich-sein" des Erkennenden in einem anderen. „Species ist [...] zunächst ein ontologischer und dann erst ein gnoseologischer Begriff" (ST 1, 356). Wenn also nach der Lehre des Thomas in der unmittelbaren Gottesschau das Wesen Gottes selbst die *species* vertritt, so kann Gott hier nicht durch eine geschaffene Wirklichkeit erkannt werden, sondern allein durch seine eigene Selbst-Mitteilung. Gnade im streng theologischen Sinn meint ursprünglich: Durch Gottes Selbstübergabe an den Menschen wird dieser zum „Angesicht in Angesicht mit Gott" befähigt. Gnade bedeutet die ontologische Qualifikation des Menschen für sein letztes Ziel. Diese Qualifikation muß dann zwar im Blick auf den noch unvollendeten Weg weiter unterschieden werden. Sie läßt sich aber nicht – im umgekehrten Verfahren – durch Addition von einzelnen Gnaden bzw. Gnadenstufen erlangen.

Damit hat Rahner auf „schultheologischem" Wege nicht nur die patristische (und Thomas durchaus nicht fremde) Lehre von der Partizipation, der Teilhabe am göttlichen Leben erreicht, sondern auch den Weg zu einer Umsetzung des „Gnadentraktats" in Kategorien der Interpersonalität, der lebendigen Kommunikation zwischen Gott und Mensch gebahnt. Wenn in der Dogmatischen Konstitution über die göttliche Offenbarung des Zweiten Vatikanischen Konzils zu Recht gerade die Transposition von objektivierender Rede über göttliches Handeln in die Begrifflichkeit eines persönlichen Umgangs Gottes mit den von ihm angerufenen Menschen als entscheidender Durchbruch angesehen wird, so hat Rahner mit seinem Neuansatz in der Gnadentheologie gewiß ein gutes Stück dazu beigetragen.

3. Theologie und Anthropologie – weitere Grundlagenfragen

1938 wurde die Innsbrucker Theologische Fakultät und die Ordensniederlassung durch einen Willkürakt der nationalsozialistischen Behörden aufgelöst (Neufeld 1994, 138ff.). Karl Rahner fand schließlich Arbeit und Unterkommen im Wiener Seelsorgeinstitut – formell sogar als „Ordinariatsrat". Er bemüht sich hier mit anderen zusammen engagiert um eine Erneuerung der Pastoral und Liturgie und eine kerygmatische Verlebendigung der Theologie – so engagiert, daß der Freiburger Erzbischof Gröber in einer Kritik an neuen Entwicklungen in Theologie und Kirche meinte, von den „Wiener Aktivisten" sprechen zu müssen. (Rahner hat zu dieser Kritik ein offizielles Gegengutachten entworfen, vgl. SW 4, 497–556) Diese Tätigkeit ging mit intensiver pastoraler Arbeit „vor Ort" einher, wie aus Rahners Notizbuch ersichtlich wird (KRA III E 1).

Die direkte Auseinandersetzung Rahners mit nationalsozialistischem Denken – wozu Anfang der Dreißiger Jahre aufgrund seiner universitätspolitischen Aktivitäten auch M. Heidegger gerechnet werden muß – beginnen in den Mittdreißiger Jahren. 1933/34 stand schon Hitlers *Mein Kampf* auf Rahners Lektüreprogramm. Neben Heideggers Denken – dessen nihilistische Weiterführung Rahner mehrfach als Möglichkeit betont, aber nie als notwendige Konsequenz ansieht – hat er sich auch mit kleineren Geistern der „Bewegung" befaßt. Wir finden bei ihm Exzerpte aus Werken von W. Hauer, H. Heyse, E. Krieck, E. zu Reventlow, F. Schöll (vgl. SW 2, 462ff.). Eine

Rezension beschäftigt sich 1937 mit einer Arbeit über Rasse und Religion (SW 4, 454–461). Die 1941 (!) in München gedruckte erste Fassung von *Hörer des Wortes* enthält den Passus: „Schon an dieser Stelle zeigt sich, daß jede Religionsphilosophie grundsätzlich verfehlt ist, die das Korrelat irgendeiner endlichen Seite des Menschen zum Gegenstand der Religion erklärt. Als das ‚Göttliche' kann von vornherein nicht das vergegenständlichte Korrelat der rassischen Eigenart, des Blutes, des Volkes, der Welt oder von irgend etwas anderem, auch nicht das Absolutbild des Menschen in Betracht kommen. Denn der Mensch als Geist hat schon immer alles dieses Endliche transzendiert in der Richtung auf etwas, das grundsätzlich und nicht nur graduell mehr ist als dies alles. Er ist Geist und steht so immer schon vor dem unendlichen Gott" (SW 4, 164). Daß man solche Dinge zeitgenössisch bemerkt hat, kann man aus einer Rezension aus der Ecke der (evangelischen) „Deutschen Christen" feststellen (Eisenhuth 1941).

Rahner lebt in diesen Jahren in einer Umwelt, die nicht mehr dem christlich geprägten Milieu der Jugendzeit entsprach und kaum der geschlossenen Weltsicht des jesuitischen Ordensmilieus korrespondierte. Von hierher läßt sich sein Bemühen um ein verständliches Zeugnis entschiedenen Christentums in einer säkularen Umwelt und der Blick auf die Entscheidung des Einzelnen (in aller kirchlichen Bindung) verstehen, die jetzt stärker als früher in seinen Schriften zum Ausdruck kommen.

In dem von den Nazis erzwungenen Exil entstehen – neben den mehr „geistlich-pastoral" ausgerichteten Schriften, auf die noch einzugehen ist – auch einige wichtige, im engeren Sinn theologische Beiträge.

Daß der als spekulativ und unbiblisch verschriene Rahner Grundfragen der systematischen Theologie auch exegetisch anzugehen wußte, zeigt seine Studie *Theos im Neuen Testament* (SW 4, 346–403) – als Vortrag 1943 in Wien gehalten –, in der er Ergebnisse der neueren protestantischen Theologie aufnimmt, sie aber im Rahmen der Dogmatik und mit Blick auf die Überlieferung – besonders die Theologie der griechischen

Kirchenväter – reflektiert. Die These lautet, daß „Gott" im Neuen Testament den *Vater* bezeichnet. Das hat zum einen praktisch-religöse Konsequenzen: „Wenn ‚Gott' den Vater *bezeichnet* und wir in diesen Sprachgebrauch uns einfühlen, dann werden wir ‚im Gebet zu Gott' (vgl. Lk 6,12) viel deutlicher das Bewußtsein haben, daß wir zum Vater unseres Herrn Jesus Christus rufen, wenn wir von Christus belehrt sprechen: ‚Vater unser'. Und so wird die trinitarische Struktur unseres ganzen religiösen Lebens viel lebendiger sein und das Bewußtsein der Mittlerschaft Christi dem Vater gegenüber viel klarer, als wenn das Wort ‚Gott', wenn wir zu Gott beten, bei uns bloß den Gott der natürlichen Theologie und die Trinität im allgemeinen (und darum auch nur sehr konfus) ins Bewußtsein ruft" (SW 4, 388). Zum anderen macht Rahner die Frage nach der Trinitätstheologie auch direkt thematisch: „... wenn der Mensch zu jeder der drei göttlichen Personen wirklich eine eigene Beziehung hat, dann kann der Gegensatz zwischen Wesens- und Offenbarungstrinität radikal überwunden werden; Gott *verhält* sich zum gerechtfertigten Menschen als Vater, Wort, Geist *und ist* dies auch in sich und für sich" (SW 4, 403). Daß der anscheinend biblisch-zeitferne Vortrag „In der Zeit der ‚Gottgläubigkeit'" eine höchst aktuelle Komponente hatte, bestätigte nach dem Krieg der Leiter des Seelsorgeinstituts, Prälat Rudolf, in seinem Rechenschaftsbericht (Rudolf 1947, 53).

Ein weiterer grundlegend theologischer Aufsatz dieser Jahre (1941) trägt den Titel *Zum theologischen Begriff der Konkupiszenz* (ST 1, 377–413; SW 8). Das Thema scheint eher abseitig. Konkupiszenz, „die Begierlichkeit": das klingt verdächtig nach moralisierender Seelsorge. In Wirklichkeit finden wir hier wichtige Aussagen der theologischen Anthropologie Rahners. Auch in diesem Beitrag befragt er ein Stück Schultheologie auf seine inneren Möglichkeiten und bringt es auf dem Hintergrund zeitgenössischen Denkens neu zum Sprechen.

Die Schwierigkeit des Begriffs liegt von seiner Tradition her auf der Hand. Konkupiszenz ist – so hat Paulus (Röm 7), so haben in seiner Nachfolge Augustinus und Luther betont –

zunächst die den Menschen zum Bösen hindrängende Macht. Andererseits hat sich im Zuge der Lehrstreitigkeiten der frühen Neuzeit (mit der Verurteilung des Baianismus) eine weitere Bedeutung des Terminus herausgebildet: Konkupiszenz ist auch eine mit der menschlichen Natur gegebene und so sittlich noch nicht negativ qualifizierte Kraft. Hinter den terminologischen Schwierigkeiten steht ein umgreifendes Problem. Da ist einmal eine Erfahrungsgegebenheit, die den Vollzug jedes menschlichen Lebens gleich welcher „Weltzeit" bestimmt – und zumeist als bedrückend empfunden wird, wie man noch vor jeder sittlich-religiösen Wertung sagen darf. Wie ist diese Gegebenheit theologisch angemessen zu qualifizieren? Kommt sie – als „Begierlichkeit" verstanden – der faktischen menschlichen Situation erst nach dem Sündenfall Adams zu (als eine Folge der „Erbsünde", wie die Tradition sagt)? Muß man weiter zurückfragen nach dem „Urstand" vor dem „Fall"? Die Schultheologie hatte im Umkreis solcher Fragestellungen das Bildpotential der Paradiesesgeschichte auf eine Weise rationalisiert, die für den heutigen Menschen nur schwer von Mythologie unterscheidbar ist. Rahners Studie stellt einen ernstzunehmenden Beitrag zu jener „Entmythologisierung" dar, die fast zeitgleich von Rudolf Bultmann zum Programm erhoben wurde. Auch Rahner unternimmt eine *existentiale* Interpretation der klassischen Thematik. Im Unterschied zu Bultmann versucht er aber vor allem, diese existentiale Umsetzung mit der Tradition zu vermitteln bzw. sogar aus ihr heraus zu entwickeln.

Die Schultheologie unterschied unter dem Titel „Konkupiszenz": erstens jeden Strebensvollzug des Menschen im allgemeinen („Begehren"); zweitens speziell das *sinnliche Begehren* (noch ohne sittlich-religiöse Wertung); drittens (im engsten Sinn) „das sinnliche Begehrungsvermögen und seinen Akt, insofern diese unabhängig von dem höheren, geistigen Strebevermögen nach ihrem sinnlichen und dem Gesetz der sittlichen Ordnung *entgegenstehenden* Gegenstand trachten und darin gegen die geistige, freie Willensentscheidung des Menschen beharren" (ST 1, 380 = SW 8). Rahner hebt nun zunächst vom vorherrschenden moralpädagogischen Gebrauch des Wortes („böse Begierlichkeit") seine dogmatische Bedeutung ab, die im Hinblick auf moralische Implikationen noch nicht qualifiziert ist. Dann formuliert er ein schwerwiegendes Bedenken gegen die traditionelle Bestimmung der Konkupiszenz von der *Sinnlichkeit* her. Sinnlichkeit ist immer „versinnlichte" Geistigkeit, wie Rahner mit Rückverweis auf seine Analysen in *Geist in Welt* sagt: „Jeder menschliche Erkenntnis- und Strebeakt ist notwendig aus der Natur des Menschen heraus sinnlichgeistig oder geistig-sinnlich" (ST 1, 383 = SW 8); oder (mit Rückgriff auf die scholastische Materie-Geist-Ontologie): es ist „kein sachhaltiger Grund anzugeben, warum die Frontlinie der inneren Entzweiheit des Menschen mit sich gerade zusammenfallen sollte mit der metaphysischen Linie, die das ontologisch Höhere und Niedere im Menschen trennt" (ST 1, 384f. = SW 8).

Um diese Interpretation zu fundieren, fragt Rahner nach dem Wesen des menschlichen Selbstvollzugs. Die Freiheitsentscheidung stellt den Menschen immer schon vor Gott; sie ist somit immer Entscheidung über seine Stellung vor Gott. Der spontane, unfreiwillige Daseinsvollzug hingegen bezieht sich immer auf ein endliches oder als endliches vorgestelltes Gut. Nur ein solches kann ein „Begehren" spontan auslösen. Konkupiszenz im engsten Sinn ist nun das spontane Begehren, „insofern es der Freiheitsentscheidung des Menschen *vorausgeht und gegen* diese *beharrt*" (ST 1, 390 = SW 8).

Die totale Verfügung der Freiheit über sich selbst gelingt nie restlos. Der menschliche Existenzvollzug steht in der Spannung von Natur (Vorhandenheit) und Person (Existenz), wie Rahner unter Benutzung existentialphilosophischer Terminologie erläutert. Es bleibt eine Spannung zwischen dem, was der Mensch „einfach passiv ist, und dem, als den er sich aktiv setzt und verstehen will. Die ‚Person' holt ihre ‚Natur' nie restlos ein" (ST 1, 393 = SW 8).

Rahners Interpretation hat als nächstliegendes Ziel, eine leibfeindliche Anthropologie, die im Gefolge des Neuplatonismus die Morallehre und Spiritualität der Kirche bestimmt (hatte?), auf eine wirklichkeitsgerechte Basis zurückzuführen, eine Anthropologie zu entwerfen, die dem Menschen in seiner konkreten Verfaßtheit besser entspricht. Doch seine Intention geht darüber hinaus auf einen zureichenden theologischen Begriff dessen, was „Integrität" ist. Eine „absolute Identität zwischen Natur und Person" ist nur in der „absoluten Freiheit des unendlichen Wesens" gegeben. Die „Gabe der Integrität", wie sie die theologische Tradition dem Urstand („Adam") zuschreibt, ist daher eine ungeschuldete Gabe, die nicht aus dem menschlichen Wesen „vor dem Fall" herrührt. In einem umfassenderen Horizont dieser heute fast als mythologisches Konstrukt empfundenen Schullehre von der „Integrität" steht eine für die Anthropologie zentrale Frage, nämlich nach der Integration all jener Spontaneität, die der Entscheidung des Menschen nur entgegenzustehen scheint, in den Akt seiner Freiheit. Wie kann solches ursprüngliche Begehren in die innere Dynamik der personalen Haltung so einbezogen werden, daß der spontane Naturakt „endlich nicht mehr Widerstand und ungelöster Rest von Natur gegen Person ist, sondern zum innern Moment der Ermöglichung der Tiefe und alles beherrschenden Wucht der personalen Entscheidung wird" (ST 1, 398 = SW 8). „Integrität" ist dann nicht als *Fehlen* eines Begehrens zu bestimmen, als Freiheit *von*, sondern als Integral freier menschlicher Existenz *zu* etwas, letztlich zu jener Einheit, die uns aus der Person Jesu Christi zukommt.

Der Aufsatz zur „Konkupiszenz" ist ein wesentlicher Schritt auf dem Weg zu einer theologischen Anthropologie, die Rahner zwar nie als Ganzes ausgearbeitet hat, von der aber doch zentrale Stücke, die seine gesamte Theologie durchziehen, ausformuliert wurden. In ihrem Licht bekommen auch manche kleinere Abhandlungen einen neuen Stellenwert, die dem ersten Anschein nach eher in den von Rahner überwundenen Rahmen von Spiritualität und „Pastoral" zurückfallen. Der Aufsatz von 1936 *Weihe des Laien zur Seelsorge* gehört in diesen Zusammenhang (ST 1). Liest man den etwas betulich klingenden Titel aus einer historischen Optik, dann hört er sich anders an: In einer Kirche, die auch die weltlichen Aktivi-

täten weitgehend unter klerikaler Ägide durchgeführt w
wollte, hatte die Fragestellung nach der geistlich-pasto
Aufgabe des Laien eher etwas Revolutionäres, wie die ⸺
genannten Bedenken des Freiburger Erzbischofs Gröber dann
auch bald deutlich machten. Der Aufsatz zeigt im übrigen
die sprachliche und sachliche Prägung durch die Freiburger
Studienzeit: „Menschliches Dasein ist immer schon, wo wir
ihm auch begegnen, Sein in der Welt, ist immer und notwendig
Sein mit andern, Gemeinschaft. Je nach den Bezirken, in die
menschliches Leben sich hineinentfaltet, ist auch je diese Gemeinschaft eine andere" (ST 3, 313).

Indem Rahner nun im Durchgang durch eine Vielfalt solcher
Gemeinschaften auf die Gemeinschaft der Liebe als des Raumes zu sprechen kommt, in dem die sich in der Rede mitteilende Personalität erst ohne Verfälschung aufgenommen werden kann, stößt er zu dem tiefsten Punkt seiner Anthropologie
vor, den er danach immer wieder neu umkreisen wird. Kann in
einer solchen Gemeinschaft, wo Personen „sich in sich selbst"
treffen (ST 3, 314), überhaupt noch von Seelsorge gesprochen
werden? Ist das Innerste des anderen „umsorgbar"? Rahner
spitzt die Frage im Blick auf den Extremfall der Vereinzelung,
den je eigenen *Tod* zu. Hier ist der Mensch „wesentlich allein.
Denn Tun und Getanes ist unvertretbar seines, ist so sein eigen
wie er selbst. Denn seine Tat ist das Werden seines ewigen
Antlitzes, ist er selber in seiner ewigen Einmaligkeit" (ST 3,
315).

Im nächsten Schritt versucht Rahner dann zu zeigen, daß eine solche Unhintergehbarkeit der Entscheidung des Einzelnen
nur für Gott nicht gegeben ist. Daher „muß der nächste Weg
in die letzte Verborgenheit des andern der Weg über den unendlich fernen Gott sein, jeder kürzere Weg wäre überhaupt
keiner" (ST 3, 318). Nur die Liebe aus Gott vermag „Seelsorge" für den anderen zu sein. Liebe ist von daher nicht Erkenntnis, nicht etwas in seine Ursachen auflösendes Ergründen, sondern ein Verstehen und Annehmen, das die Faktizität
des anderen anerkennt, seine Fremdheit akzeptiert, nicht das
eigene Wunschbild sucht.

Wenn ich aber den anderen aus Gott, um Gottes willen liebe, mache ich ihn dann nicht zu einem bloßen Mittel, während echte Liebe ihn nur als solchen (als „Zweck") wollen kann? Dies wäre nur dann der Fall, wenn Gott etwas *neben* dem anderen Menschen wäre. Gott ist aber „der Innerste, die Wesensmitte des geliebten Menschen, er ist noch zuinnerst der innersten Unbezüglichkeit, der letzten Geschlossenheit des Menschen in sich [. . .]. Von ihm her kann man den Menschen lieben, seine innerste unzugängliche Mitte läßt sich nur von Gott her lieben". Wer sein eigenes Wesen in Gott hineingibt, „der ist damit in der innersten Mitte auch des geliebten Menschen. Der ist hinter das letzte Geheimnis des Menschen geraten, weil er dort steht, wo Gott ist" (ST 3, 321 f.).

Es wäre nicht schwer, von diesem kleinen Aufsatz aus Ansatzpunkte für viele der großen Rahnerschen Thesen zu finden, so etwa zur Theologie des Todes, die er schon bald nach dem Krieg (zum erstenmal auf einer Ärztetagung) weiter entfaltet (1949 a), aber auch zu seiner Sicht der Einheit von Gottes- und Nächstenliebe, der Sakramentenlehre und ihrer Verbindung zu den Grundsituationen des Existenzvollzugs, nicht zuletzt auch zur Pastoraltheologie. Er mag hier als Beispiel dafür stehen, wie Rahner in diesen Jahren konkret Fragen der christlichen Existenz angeht. Die Bemühung gerade um eine Theologie des „Laien" ließe sich dabei auch von anderen Punkten aus zeigen, etwa von den Studien zu den Kirchenvätern her (SW 3). Aber auch Rahners Gedanken zur priesterlichen Existenz von 1942 – die diese vom „Apostolischen", der Sendung, nicht vom „Kultischen" her deuten – liegen in Richtung einer Theologie, die den Entscheidungscharakter von Existenz in all ihren Objektivationen hervorhebt (ST 3, 285–312).

Um diesen Entscheidungscharakter geht es auch wesentlich in der ersten Veröffentlichung Rahners nach dem Krieg, *Der Einzelne in der Kirche* (1946). Gedanken, die in streng theoretischer Reflexion vor allem im Rahmen der Gnadenlehre erarbeitet wurden, werden nun konkretisiert im Kontext des bevorstehenden Wiederaufbaus der gesellschaftlichen Institutionen und der sich neu erhebenden Fragen nach Kompetenz und Verantwortung der verschiedenen „Stände" in der Kirche. Die bislang geltenden Ordnungen einer kirchlichen Wirklichkeit, in der das Leben des einzelnen weithin durch „Weisungen" reguliert und der „Einzelne" in solcher Einbindung sein Entscheidungspotential nicht wahrzunehmen gewohnt war, bedurften der Revision. Rahner erinnert daran, daß das Christentum die Religion der Einmaligkeit, Unvertretbarkeit und des unmittelbaren und eigenen Gottesbezugs eines jeden Einzelnen ist. Diesen Gottesbezug hat er in Freiheit zu realisieren. Dabei gibt es einen religiös-ethischen Bereich, der auch der Kirche als rechtlicher Gemeinschaft entzogen ist. „Diese private Sphäre ist darum nicht im geringsten Sphäre privater Willkür und Ungebundenheit, sondern steht eindeutig unter dem sittlich fordernden heiligen Willen Gottes, jenes Willens freilich, der gerade das unvertauschbare und einmalige Eine des einzelnen Menschen will" (1946, S. 266).

Auch diese Grundgedanken wird Rahner später aufnehmen und weiterführen. Der Aufsatz selbst ist aber ein gutes Beispiel dafür, wie sich Rahners Denken nun anlaßbezogen entwickelt – hier die Nachkriegssituation mit ihren gesellschaftlichen Problemen einerseits, da die traditionelle „Kirchenphalanx" anderseits –, dabei aber aus einer theologischen Reflexion kommt, die, in langen Studienjahren gereift, auch über den Tag hinaus fruchtbar bleibt. Vor allem in der zweiten Innsbrucker Periode nach dem Krieg werden diese Ansätze aufgegriffen und – zumeist wieder mit Blick auf sich aktuell stellende Fragen – systematisch ausgebaut.

IV. Die Entfaltung der Theologie

1. Arbeitsstil

Nach dem Krieg – vor allem mit dem Neubeginn in Innsbruck nach kurzer Dozententätigkeit in München-Pullach – beginnt eine intensive und konzentrierte Schaffenszeit, die bis zum Zweiten Vatikanischen Konzil und dem Wechsel nach München reicht. Was vorher durch äußere Bedingungen auferlegt war, entwickelt sich jetzt zu Rahners eigentlichem Arbeitsstil. Er ist gekennzeichnet durch ein problemorientiertes Denken, das aus einem systematischen Verständnis des Gesamtzusammenhangs der Theologie Einzelfragen angeht und dabei vor allem traditionelle Lehrstücke so aufschlüsselt, daß ihre Bedeutung für die Gegenwart zutage tritt.

Bei diesem Vorgehen kommen höchst unterschiedliche Momente ins Spiel. Eine gründliche Kenntnis der traditionellen, schulmäßig betriebenen Theologie verbindet sich mit deren Reflexion gemäß den Methoden neuzeitlichen Philosophierens in seinem „transzendentalen" Rückgang auf die Verständnisbedingungen im fragenden und erkennenden Subjekt. Als wichtiger „Filter" für die Rezeption der überkommenen theologischen Gehalte treten bei Rahner eine existentiale, lebensweltbezogene Betrachtungsweise und die wache Wahrnehmung geschichtlich-gesellschaftlich relevanter Entwicklungen hinzu – hier wäre etwa die Mitarbeit in der *Paulus-Gesellschaft* bei ihren Vermittlungsversuchen zwischen der Theologie und den Naturwissenschaften und ihren Beiträgen zum Verhältnis Kirche/Marxismus zu nennen. Ein weiteres Charakteristikum: Rahner beschränkt sich nie auf rein „spekulative" Fragen. Er verfolgt auch seine dogmengeschichtliche Arbeit weiter (vgl. die vielen, in ST 11 gesammelten Aufsätze zur Geschichte des Bußsakraments) und legt in zunehmendem

Maße Beiträge zur Pastoraltheologie und kirchlich-gesellschaftlichen Fragen (z.B. „Öffentliche Meinung in der Kirche") vor.

Neben die theologisch-theoretische Arbeit tritt eine beträchtliche wissenschaftsorganisatorische Leistung. Rahner ist (Mit-)Herausgeber der zweiten Auflage des *Lexikons für Theologie und Kirche*, das 1957 zu erscheinen beginnt und dessen systematische Leitlinien weitgehend von ihm geprägt sind, sodann der im gleichen Jahr eröffneten Buchreihe *Quaestiones disputatae* und später des *Handbuchs der Pastoraltheologie* (etwa ein Viertel der Texte stammt von Rahner selbst, jetzt gesammelt in SW 19), sowie Mitherausgeber von Zeitschriften wie *Concilium* und der *Internationalen Dialog-Zeitschrift*, die insbesondere dem Gespräch mit dem Marxismus verpflichtet war. Eine weitgestreute Produktivität, nicht das Kreisen um *eine* Arbeit oder *ein* großes Werk kennzeichnet dieses Schaffen. Rahner seine geringe Zahl von Monographien vorrechnen zu wollen (so gelegentlich Hans Küng mit einiger Häme), ist dennoch völlig abstrus. Stets lassen seine Arbeiten eine konzentrierte Sicht auf das systematisch reflektierte Ganze der Tradition erkennen. Viele Aufsätze stellen schon von ihrem Umfang her kleine Monographien dar. Wollte man ihren dichten Inhalt für das Verständnis eines breiten Publikums medienwirksam auseinanderfalten, käme leicht eine stattliche Anzahl von Büchern zusammen.

Was heute aus dem Rückblick den Anschein des Selbstverständlichen hat, entspricht aber nicht Rahners ursprünglichen Absichten. Am Beginn der Dogmatik-Professur stand noch – wie schon erwähnt – der Plan einer großen wissenschaftlichen Darstellung der katholischen Glaubenslehre. Als Rahner 1954 deren Gliederung am Anfang seiner *Schriften zur Theologie* veröffentlichte (jetzt in SW 4, 404–448), nahm er endgültig (wenn damals vielleicht auch noch nicht voll bewußt) Abschied von dem großen einheitlichen Werk und tat den Schritt zum typischen „Problemdenker" nun auch bibliographisch. Neben dem Schweizer Theologen Hans Urs von Balthasar – der in solch ein Projekt den großen Fundus seiner patristischen, geistes- und kulturgeschichtlichen Kenntnisse hätte einbringen können und im Gespräch mit Rahner wohl sicher methodische Grundfragen einer Klärung nähergebracht hätte, die wir heute so schmerzlich vermissen – waren noch andere Jesuiten an den ersten Vorarbeiten beteiligt, u. a. der von den Nationalsozialisten ermordete Alfred Delp. Schon das hatte aber nicht mehr die Zustimmung von Balthasars gefunden (vgl. Neufeld 1994, 183), noch bevor sich 1949 sein Weg vom Jesuitenorden trennte. Am Ende kommt es zu einem zutiefst gestörten Verhältnis zwischen den beiden wohl wirkmächtigsten Theologen der zweiten Jahrhunderthälfte. Die Gründe dafür wird erst eine spätere Generation entschlüsseln können. Sicher hat aber von Balthasars scharfe Polemik in seiner kleinen Schrift *Cordula oder der Ernstfall* (Balthasar 1966) nicht wenig dazu beigetragen.

Blickt man auf die *Themen*, die Rahner in dieser Zeit bearbeitet hat, so zeigt sich zunächst die Künstlichkeit, die unserem Versuch einer Periodisierung anhaftet. Zumindest die ersten großen Innsbrucker Veröffentlichungen basieren weitgehend auf Texten der Kriegs- und ersten Nachkriegszeit. Überhaupt zeigt eine genauere Analyse Rahnerscher Texte, daß die wesentliche Grundlegung und sogar die typische Terminologie sich fast durchweg in jener Zeit herausgebildet hat. Hier können nur besonders exemplarische Beiträge aus der thematischen Fülle herausgegriffen werden.

Solche „Musterbeispiele" der theologischen Arbeit Rahners weisen ein Charakteristikum auf, das ebenfalls bereits in der früheren Zeit zu beobachten war, nun aber verstärkt zur Geltung kommt. Typisch bleibt das Anknüpfen an kirchliche Vorgegebenheiten. Die nun folgenden „großen Aufsätze" Rahners sind aber noch stärker „anlaßbezogen". Einige der wichtigsten kann man geradezu als Reaktionen auf lehramtliche Verlautbarungen Papst Pius XII. verstehen – so auf die Enzyklika *Mystici Corporis* (1943), das Mariendogma und die Enzyklika *Humani generis* von 1950. Die 1500-Jahrfeier des Konzils von Chalkedon (451) nimmt Rahner zum Anlaß für einen vertieften Entwurf zur Christologie.

2. Kirche und Heil

Ein gutes Beispiel für die Arbeit Rahners in der unmittelbaren Nachkriegszeit ist der Aufsatz über die Zugehörigkeit zur Kirche nach der Enzyklika *Mystici Corporis Christi*. Gleich nach Erscheinen hatte Rahner in Wien über dieses Dokument Vorträge gehalten. Der Aufsatz selbst war ursprünglich für 1946 als Vorlesung auf den Salzburger Hochschulwochen geplant. Dort hatte Rahner 1937 *Hörer des Wortes* vorgetragen. Nach dem „Anschluß" Österreichs mußten die Hochschulwochen unterbrochen werden. Sie wurden aber gleich 1946 fortgesetzt. Rahner erhielt als „Ausländer" nun allerdings keine Einreiseerlaubnis. (Eine Zusammenfassung der Version von 1946 ist erhalten: 1948d – übrigens versehentlich unter dem Verfassernamen „Hugo Rahner"; auch damals war der Bruder noch der weit bekanntere. Der gesamte Beitrag selbst wurde schon 1947 erstmals veröffentlicht und erschien in seiner letzten Fassung 1955 in ST 2, 7–94.)

Von besonderer Wichtigkeit für die Einordnung dieses Aufsatzes ist der aktuelle Gesichtspunkt, der der langen Abhandlung das Gepräge gibt: das ökumenische Befremden, das die Aussagen der Enzyklika ausgelöst hatten. Rahner gehörte nicht zu den eigentlich „ökumenischen" Theologen vom Fach. Dennoch hat er Wesentliches zur ökumenischen Verständigung beigetragen und dieses Anliegen stets intensiv verfolgt und durch konkrete Mitarbeit in entsprechenden Arbeitsgruppen wie dem sogenannten „Staehlin-Jäger-Kreis" gefördert. So schreibt er schon in einer Rezension von 1948: „Wird man nicht sagen müssen, daß unter den Deutschen die Sehnsucht nach der Einheit der Christenheit, der Mut, dafür etwas zu tun, und die Zuversicht, sie zu erreichen, in der Zeit des Kampfes gegen die Kirche größer waren als jetzt? Jetzt ist die Gefahr, daß man sich wieder einzurichten versucht wie vorher, als sei nichts gewesen, und das alte – wenn vielleicht auch etwas wohlwollender gewordene – Aneinandervorbeileben der Konfessionen weiterführt. [...] Wenn wir Christen alle im mittel-

und westeuropäischen Raum selbst diesen kleinen (oder großen?) Segen, den uns das Dritte Reich gebracht hatte, nicht verlieren wollen, daß man wenigstens ernsthaft miteinander redet über das, was uns trennt, was uns eint und ob das Trennende nicht überwunden werden könne, dann bedarf es von allen Seiten der Verantwortung und tätigen Sorge dafür, daß dieser Anfang unter Blut und Tränen nicht wieder verloren gehe" (1948e, 959). Eines seiner letzten Werke – die mit Heinrich Fries gemeinsam verfaßte Quaestio disputata Bd. 100 von 1983, *Einigung der Kirchen – reale Möglichkeit*, wird den inzwischen weltweit anerkannten Gelehrten noch einmal ins Kreuzfeuer kirchlicher Kritik bringen – und zwar aus „beiden Lagern".

Der Kerntext der Enzyklika über die Gliedschaft am „Leibe Christi" schien den alten kirchlichen Satz von der Heilsnotwendigkeit der Kirche („Außerhalb der Kirche kein Heil") auf die Zugehörigkeit zur römischen Kirche einzuengen. Diejenigen, die nicht zu dieser vereinsmäßig definierten Kirche gehören, werden eingeladen, „sich aus jener Lage zu befreien, in der sie ihres jeweils eigenen ewigen Heils nicht sicher sein können [...]". Doch auch Pius XII. greift an dieser Stelle schließlich auf das traditionelle „Schlupfloch" von einem „votum ecclesiae" zurück: „[...] denn wenn sie auch durch ein unbewußtes Sehnen und Verlangen [votum] auf den mystischen Leib des Erlösers [d.h. hier: die Kirche] ausgerichtet sind, entbehren sie dennoch so vieler und so großer himmlischer Gaben und Hilfen, deren man sich lediglich in der katholischen Kirche erfreuen kann" (vgl. DH 3821). Diese Aussage ist alles andere als eindeutig. Ersetzt jenes Verlangen „im Notfall" also doch die „Heilsnotwendigkeit" der Kirche? Dann scheint dies mit der ansonsten scharf durchgezogenen Trennungslinie gegenüber denen, die außerhalb der sichtbaren Kirche stehen, kaum kompatibel zu sein.

Von diesem ungelösten Dilemma her stellt sich Rahner nun die Frage: Wie könnte ein „votum" Heilscharakter haben, ohne daß damit auf die Heilsnotwendigkeit einer sichtbaren Kirche verzichtet wird? Wir skizzieren zunächst die Grundlinien seiner Antwort.

Rahner verweist, erstens, auf die Einheit der Menschennatur. Diese ist mehr als die gedankliche Summation aller Menschen. Sie liegt dem persönlichen, freien Tun des Menschen immer schon als etwas voraus, zu dem er in seinen Freiheitstaten Stellung nimmt. „Das in die Dimension der Natur hinein durch die Person Vollzogene ist, weil für die Freiheitshandlung notwendig, Ausdruck und Offenbarung dieser Freiheitsentscheidung in der raumzeitlichen Materialität des Menschen, in seiner ‚Sichtbarkeit'" (ST 2, 87).

Mit dieser anthropologisch-phänomenologischen Beobachtung verknüpft Rahner nun, zweitens, ein bestimmtes Verständnis der Fleischwerdung des göttlichen Wortes: „Die reale Einheit der Menschheit [...] als eine in der Freiheitstat des Menschen zu übernehmende naturale Dimension dieser personalen Entscheidung des Menschen ist nun konkret bestimmt durch die *Menschwerdung* des Wortes Gottes" (ST 2, 87). Durch diese Menschwerdung ist eine „Berufung zur übernatürlichen Teilnahme am Leben des dreifaltigen Gottes" bereits gegeben. Sie „ist einerseits eine Wirklichkeit, die der personalen Entscheidung des Menschen vorausliegt, und anderseits, weil in der *Fleisch*werdung des Wortes Gottes vollzogen, eine Wirklichkeit, die der Dimension des Geschichtlichen, des Sichtbaren angehört und als faktische Bestimmung des Menschengeschlechtes im ganzen auch eine real-ontologische Bestimmung des Wesens eines jeden Menschen ist" (vgl. ST 2, 88).

Und dann folgt ein Satz, der in nuce bereits die gesamte Theorie des „anonymen Christen" enthält (den Ausdruck gebraucht Rahner in einer Zufallsprägung erstmals beiläufig in einer Diskussion von 1948 [1949c, 252]; es dauert ein Jahrzehnt, bis der Terminus durch seine Wiederholung berühmt wird [1958a, 100]). Hier heißt es: „Vollzieht somit der Mensch als geistige Person in der totalen Entscheidung über sich selbst seine ‚Natur', so ist diese personale Entscheidung konkret auch unvermeidlich eine Stellungnahme für oder gegen die übernatürliche Berufung des Menschen zur Teilnahme am Leben des dreifaltigen Gottes selbst" (ST 2, 88).

Es ist allerdings wichtig, jene von vielen hin und her gewendete Theorie nicht von ihrer komplexen Wurzel getrennt zu diskutieren: die Einbettung der grundlegenden personalen Entscheidung eines jeden Menschen über sich selbst („votum") in die „quasi-sakramentale" Wirklichkeit des durch Christus angenommenen und erlösten menschlichen „Fleisches". „Dadurch, daß das Wort Gottes Mensch geworden ist, ist real-ontologisch die Menschheit[,] auch schon im voraus zur faktischen gnadenhaften Heiligung der einzelnen Menschen, zum Volke der Kinder Gottes geworden. [...] Dieses Volk liegt seiner rechtlichen und gesellschaftlichen Organisation in dem, was wir Kirche nennen, in ähnlicher Weise voraus[,] wie ein bestimmtes geschichtliches Volk in der Ebene der innerweltlichen Wirklichkeit seiner Organisation im Staat vorausgeht" (ST 2, 89). „Wenn der Rechtfertigungsakt somit als votum Ecclesiae [Verlangen „nach" der Kirche] aufgefaßt wird, so ist er nicht bloß ein Akt, der intentional als seinen impliziten Gegenstand die Kirche anzielt, sondern er ist ein geistig-persönlicher Akt, der insofern schon ein Stück von Kirche notwendig real in sich schließt, als er der real-ontologische Vollzug der Gliedschaft am Volke Gottes ist." [...] „als Akt des konkreten Menschen als eines Gliedes an der einen durch die Menschwerdung konsekrierten Menschheit hat er gleichzeitig und notwendig eine Wirklichkeit bei sich, die [...] als Gliedschaft am Volke Gottes quasi-sakramentale Natur hat" (ST 2, 91).

Vielleicht läßt sich erst aus einer nachkonziliaren Perspektive die volle Tragweite dessen ermessen, was Rahner in diesem für seine Theologie so zentralen Aufsatz ausführt. Hier können nur einige Aspekte angesprochen werden.

– Es wird nicht auf den ersten Blick deutlich, wie sehr die Grundgedanken dieses Beitrags von der in *Geist in Welt* und *Hörer des Wortes* entwickelten Anthropologie geprägt sind. Das hier als Menschennatur thematisierte allgemeine „Voraus" zum persönlichen Vollzug des Menschen versteht Rahner analog zu „der durchgängigen Struktur des menschlichen Handelns als eines Geistes in Materie" (vgl. ST 2, 86): „Die

Freiheitstat des Menschen ist nie im Sinne eines reinen Existentialismus absolut schöpferisch, sondern immer wesentlich auch Unterwerfung unter die Gesetzlichkeit der Materie des freien Handelns (der ‚Natur' des Menschen, seiner ‚Leiblichkeit' in einem metaphysischen Sinn, der ‚Welt')" (ST 2, 87).

– Frappierend ist zu beobachten, in welchem Maß die offizielle katholische Lehrentwicklung über die Kirche dem hier von Rahner eingeschlagenen Weg gefolgt ist. Das auf die hierarchische Struktur der römischen Kirche zugeschnittene Verständnis des „Leibes Christi" verdankte sich einer exegetisch nicht zu rechtfertigenden Engführung des biblischen Begriffs. Bis in die ersten Entwürfe der durch das Zweite Vatikanum verabschiedeten „Dogmatischen Konstitution über die Kirche" hinein blieb dieses Verständnis das lehramtlich vorherrschende – wenn es auch längst durch exegetische Untersuchungen seine Legitimation verloren hatte. Die Konzilsväter überwanden schließlich diese Engführung, aber nicht, indem sie gleichsam in einer Direktkonfrontation von einer korrekteren Interpretation der biblischen Lehre vom Leibe Christi ausgingen. Sie gingen vielmehr zum Begriff des „Volkes Gottes" als dem fortan leitenden Paradigma für das Verständnis von Kirche über.

Ganz analog war schon das Vorgehen Rahners. Die eben zitierte Stelle von der den Freiheitsentscheidungen des Menschen vorausliegenden „Leiblichkeit", die Rede von der „Gliedschaft" am Volke Gottes wie vom Menschen als eines „Gliedes" an der einen, durch die Menschwerdung konsekrierten Menschheit, die Interpretation dieses Voraus als sakramental bzw. „quasi-sakramental": all dies erweckt den Eindruck, daß Rahner eigentlich einen anderen Begriff vom „Leibe" Christi im Blick hat, wo er vom „Volke Gottes" spricht. Hatte auch er bereits einen Umweg genommen, um eine Direktkonfrontation mit der „bibeltheologischen Basis" der Enzyklika zu vermeiden?

– Diese Frage ist auch aus einem anderen Grund nicht ohne Bedeutung. Rahners Aussagen über die durch Gottes Menschwerdung konsekrierte Menschennatur als Voraus freiheitlichen Handelns implizierten ja nicht nur bereits die Grundlinien seiner Theorie vom „anonymen Christen", sondern umschrieben auch die inhaltliche Seite dessen, was er bald danach als das „übernatürliche Existential" des Menschen in die Diskussion bringen wird. Die *transzendental*theologische Deutung dieses Existentials und die Unterscheidung zwischen „transzendentaler" und „kategorialer Offenbarung" – wobei das „transzendentale Apriori" an die in dem Aufsatz über die Kirchengliedschaft thematisierte „real-ontologische" Möglichkeitsbedingung der persönlichen Entscheidung anknüpft – geben zumindest vom Terminologischen her dem Grundgedanken nun aber eine „idealistische" Wendung, die kaum der ursprünglichen Intention entspricht. Im Vorblick auf die Fleischwerdung des Wortes ist im Prinzip und anfänglich die ganze Menschennatur von Gottes Heil umfangen. Diesen Gedanken schöpfte Rahner aus der Theologie der Väter, worunter vor allem Irenäus von Lyon eine besondere Bedeutung zukommt. Denn er hatte – wie kaum ein griechisch geprägter Theologe vor oder nach ihm – die Ebenbildlichkeit des Menschen zu Gott nicht primär von der rationalen Ausstattung des Menschen, sondern von dem Faktum her verstanden, daß *das Fleisch* „nach Gottes Ähnlichkeit geformt und durch seine Hände gebildet wurde" (Adversus haereses IV, praef.). Heilsgeschichte: das war für Irenäus das kontinuierliche Modellieren (plasmatio) des Menschen durch die Hände Gottes, bis schließlich das Gebilde des Ursprungs „dem Christus völlig gleichgestaltig und eines Leibes mit ihm wird" (ebd. V, 36,3). Von hierher wäre es möglich gewesen, gerade auch „das Andere der Vernunft" unter dem Titel „übernatürliches Existential" ganz anders in den Blick zu bekommen, als dies dann in der tatsächlichen Diskussion geschah.

Noch an einem weiteren 1947 erstmals veröffentlichten Beitrag läßt sich zeigen, wie weit Rahner der lehramtlichen Entwicklung im Verständnis von Kirche voraus war. Daß die Kirche „heilig" zu nennen ist, steht in dem den christlichen Konfessionen gemeinsamen Credo. Daß ein „oberflächlicher Optimismus" als Verständnishorizont einer solchen Aussage geradezu „häretisch" sei, haben damals vermutlich nur wenige Theologen geschrieben. Noch im ersten Entwurf der „Dogmatischen Konstitution über die Kirche" des Vatikanum II wird sorgfältig vermieden, die Kirche selbst als sündenbefleckt anzusehen. Es sind die Taten der einzelnen Sünder in der Kirche, die „zwar die Kirche beleidigen, ihre wesentliche Heiligkeit aber nicht verletzen". Erst in der Endfassung heißt es dann: Die Kirche „ist zugleich heilig und stets der Reinigung bedürftig, sie geht immerfort den Weg der Buße und Erneuerung" (*Lumen gentium* 8). Rahner spricht schon in seinem Aufsatz von 1947 über die *Kirche der Sünder* von der Sündigkeit der Kirche selbst, davon, daß sie „in ihrem Handeln sündig sein kann" (ST 6, 310). Die Sündigkeit, die sich bis ins Handeln der Kirchenleitung erstrecken kann und so zweifellos Handeln „der Kirche", nicht privates Scheitern ist, „ist gewissermaßen exogene Krankheit ihrer Leiblichkeit, nicht endogener Erbschaden der Kirche selbst" (ST 6, 313).

Rahner liegt es fern – etwa im Sinne heutiger Medienkultur – die hochgeschaukelte Empörung über die Unheiligkeit der Kirche weiter zu verstärken. Er denkt aber auch nicht an eine „Sündenmystik dialektischer und gnostischer Art": „die Kirche ist nicht sündig, damit so Gottes Gnade sich überströmender offenbaren könne". Ohne ideologische Schieflage nach der einen oder der anderen Seite heißt es lapidar: „die Sünde bleibt Wirklichkeit an ihr [der Kirche], die ihrem Wesensgrund widerspricht; ihre Heiligkeit aber ist Offenbarung ihres Wesensgrundes" (ST 6, 313).

Der Artikel ist in den *Schriften zur Theologie* wohl nicht zufällig erst im Band 6 von 1965 erschienen, und zwar zusammen mit einer neuen Studie, die dasselbe Thema nach den Dokumenten des Vatikanum II behandelt. Er bleibt ein schönes Beispiel dafür, wie geduldige theologische Arbeit kirchliches Bewußtsein bis in die „Spitze der Hierarchie" hinein verändern kann.

3. Theologie des Todes

Wie schon bemerkt, hatte Rahner die Frage nach dem *Tod* bereits 1936 in einem Aufsatz über den Laien angesprochen. Wo

Rahner die Frage ausdrücklich wieder aufgreift, geschieht dies – wie so oft bei ihm – aus einem eher zufällig scheinenden Anlaß: in einem Vortrag von 1947 auf einem Ärztekongreß. Durch die Beschäftigung mit Heidegger und dessen Thematik des „Ganzseinkönnens" und des „Vorlaufens zum Tode" ist sicher Rahners Sensibilität für diese Problematik verschärft worden. In dem Aufsatz *Zur Theologie des Todes* (1949a) geht er die Frage dann systematisch an, indem er zunächst betont die „kirchenamtliche" Lehre als Ausgangsdatum der Theologie zugrundelegt: Sie ist hinzunehmen – „ungefähr wie für den theoretischen Physiker das Ergebnis des Experiments" (1949a, 88) –, stellt so aber eben nicht den Endpunkt, sondern das Material der Reflexion dar.

Was diese Reflexion selbst angeht, so bezieht sich Rahner einerseits auf die *Philosophien* des Todes. Er sieht ihre Gefahr darin, den Tod nur als tragische Ausweglosigkeit in den Blick zu bekommen oder ihn aber mit einem falschen Glanz zu versehen – zur Erinnerung: „Der Tod ist als der Schrein des Nichts das Gebirg des Seins" (Heidegger 1954, 177); „der Schmerz des Todes" ist „nur zu überstrahlen [...] im hochgemuten Schwanengesang des Abschieds – und in der schlichten Treue" (Jaspers 1932, 93f.). Die höchste Möglichkeit der Philosophie erblickt Rahner in einer adventistischen Haltung, „in der der Mensch sich und seine Wirklichkeit in bedingungsloser Offenheit in die Verfügung des unbegreiflichen Gottes übergibt" (1949a, 90f.). Diese Offenheit bezeichnet er ausdrücklich als Vorform des Glaubens.

Eine wesentliche Sinnspitze des Aufsatzes geht dahin, verständlich zu machen, daß die kirchlichen Lehren über „die letzten Dinge" des einzelnen Menschen – z.B. die Rede von der Läuterung und dem Gericht Gottes – nicht etwas äußerlich Aufgesetztes anzielen, das gewissermaßen zu einem mit dem Tod natürlich abgeschlossenen Leben hinzukommt, sondern daß eine existentiale Interpretation des Todes Möglichkeiten bietet, das Dogma von dem her zu verstehen, was Tod eigentlich bedeutet. Tod im Sinne des Endes des Menschen als einer Geistperson ist nicht einfachhin ein Abbruch von außen, die gewaltsame Beendigung der personalen Wirklichkeit, sondern *auch* die Vollendung von innen her, „Besitz-nehmen der Person, ist Sich-selbst-gewirkt-haben und Fülle der personalen Wirklichkeit" (1949a, 100). Ein solches Verständnis des Todes setzt voraus, daß er nicht als punktuelles Ereignis verstanden wird, sondern als das Zuendekommen der Tat des ganzen Lebens. Wenn nun auf diesem Hintergrund die Frage nach dem „Gericht" Gottes über den Menschen gestellt wird, so kann dieses durchaus „unmythologisch" verstanden werden: Es ist nichts Äußerliches, was über den Menschen herfällt, sondern Ausdruck seiner freien Tat.

Eine der zentralen Fragen des Vortrags – die nach dem Tod des „Gerechtfertigten" – stellen wir zunächst zurück. Sie erhebt sich gewissermaßen exemplarisch bald danach in einem anderen Kontext, dem der Mariologie. Wie bei den Ausführungen über das Verhältnis von Kirche und Heil ist es vielleicht aber nützlich, aus einer späteren Perspektive einige Aspekte der Rahnerschen Theologie des Todes schon hier kurz zu beleuchten.

– Ganz offensichtlich umkreisen die zitierten Gedanken Rahners zum Tod den „zweiten Pol" seiner erst später ausgeführten Lehre vom „anonymen Christen". Bildet die in der Fleischwerdung des Wortes von Gott „angenommene" Natur des Menschen das geschichtlich-materiale Voraus des Heils aller Menschen, so gipfelt im Tod als dem Zuendekommen der Tat eines ganzen Lebens das, was der Mensch selbst in seiner freien Entscheidung im Raum des ihm bereits eröffneten Heils zu wirken vermag. Die später gegen Rahner erhobenen Vorwürfe, seiner Ansicht nach könne der „anonyme Christ" an jedem beliebigen „geschichtlichen Material" seine „transzendentale" Heilsberufung „kategorialisieren" und verbleibe damit in einer Anonymität, die kaum noch mit dem Namen „Christentum" belegt zu werden verdient, haben dies allzuoft übersehen. Nach Rahner hat jeder Mensch die Chance, in der Weise, wie er stirbt – dann nämlich, wenn er sich dem „absoluten Geheimnis" zu überlassen vermag –, in sich die Fleischwerdung in jenes „Es ist vollbracht" (Joh 19,30) münden zu lassen, die ihn durch die Annahme der menschlichen Natur durch Gott immer schon umfängt.

– Auf der anderen Seite ist vom Kontext der aktuellen Diskussion um eine angemessene Theologie der Religionen zu fragen, ob Rahners Theorie vom „anonymen Christen" – unter Voraussetzung der drei Alternativen „exklusivistische", „inklusivistische" und „pluralistische" Theologie der Religionen – wirklich adäquat dem „Inklusivismus" zugeordnet werden kann. Auf keinen Fall wird hier anderes unter dem Stichwort anonym *kirchlich* vereinnahmt. Rahner sprengt die Vorstellung vom „mystischen Leibe Christi" ja gerade auf ein Äußerstes von durch Gott angenommenem Menschsein auf. Erst recht ist die andere Seite der quasi-sakramentalen Öffnung auf das Heil aller Menschen, das je persönlich vollzogene Sterben mit seiner Möglichkeit, sich völlig auf das Unergründliche und schließlich auf den namentlich nicht faßbaren Gott loszulassen, offen auf die verschiedenen Weisen, wie – dort, wo Religionen sich wirklich dem Tod als Frage an den Menschen stellen und nicht ins magisch-rituelle Verstellen dieser Frage ausweichen – Einübung in den Tod auch in ganz anderen Kulturen gelehrt und gelernt wird.

– An einem Mißverständnis, in das Rahners Theologie des Todes geführt hat, ist er selber nicht ganz unschuldig: der sogenannten „Endentscheidungshypothese". Diese ist hier nicht in Einzelheiten zu diskutieren (kurz dazu: Greshake 1982, 121–130), setzt aber wesentlich an Rahners Verständnis des Todes als des „Zuendekommens der Tat des ganzen Lebens" an und lädt damit zur „chronologischen Festlegung" einer personalen Entscheidung auf einen bestimmten Augenblick ein. Rahner hat später betont, daß jener personal über das ganze Leben entscheidende Akt „auch geraume Zeit vor dem medizinischen Sterben" stattfinden kann (ST 12, 447).

Belangvoller als diese Frage jedoch ist das Problem, ob man mit solchen existentialen Überlegungen nicht die Höllenangst verschärft – im Hinblick nämlich auf den jähen Tod, wo der Mensch sich dann, schlecht vorbereitet, ganzheitlich entscheiden müßte. Zu dieser uralten Sorge um das „letzte Stündlein", in dem gleichsam Himmel und Hölle zuwarten, in welche Richtung alsbald die Seele fahren wird, hat Rahner später sehr Tröstliches gesagt (und zwar wiederum in Auseinandersetzung mit dem geltenden kirchlichen Dogma): „Man wird [...] sagen dürfen, daß wir letztlich nicht wissen, ob und wie diese Lehre von einer je einmaligen und durch den Tod in Endgültigkeit übergehenden Freiheitsgeschichte anzuwenden sei auf jene, die *vor* dem Augenblick sterben, in dem man ihnen nach einer durchschnittlichen Empirie eine aktuelle Freiheitsentscheidung im radikalen Sinn zuzubilligen geneigt ist und ob tatsächlich jeder Mensch, der in einem bürgerlichen Sinne ‚mündig‘ ist, zu *der* Freiheitsentscheidung kommt, von der diese kirchenamtliche Lehre sagt, daß sie sich durch den Tod in Endgültigkeit aufhebt" (ST 13, 282). Von dieser Überlegung ausgehend, böte sich die Möglichkeit, über die alte katholische Lehre vom „Fegfeuer" in einer Weise nachzudenken, die sie im Gespräch mit den verschiedenen Reinkarnationstheorien dialogfähig macht (vgl. 1976, 424f.).

4. Mariologie

Während sich bei Martin Luther noch durchaus mariologisches Schrifttum im klassischen Sinn findet, war Marienverehrung im Verlauf der Gegenreformation mehr und mehr zu einem konfessionellen Etikett für „katholisch" geworden. Heute scheint sie fast ganz an den Rand christlichen Glaubens gerückt, wo päpstliche Verlautbarungen gerade noch hingelangen, oft aber auch schon der Bereich der Esoterik beginnt. In dieser Situation kann ein Blick darauf, welchen Platz Mariologie bei Karl Rahner einnimmt, recht hilfreich sein.

Rahner war nie der Mann, der einer in Jahrhunderten gewachsenen Volksfrömmigkeit den Teppich unter den Füßen weggezogen hätte. Dort aber, wo Religiosität in ein Niemandsland für die kritische Reflexion abzugleiten drohte, besonders aber, wo zweifelhafte theologische Traktate solche Schieflagen weiter förderten, konnte er von unerbittlicher Schärfe sein.

Vieles von dem, was die katholische Marienverehrung insbesondere in nachrevolutionären Formen eines Ghettokatholizismus beflügelte – etwa Marienerscheinungen – gehört zu dem, was die Kirche dem Thema „Privatoffenbarungen" zurechnet. Hierzu lohnt es sich die Arbeiten nachzulesen, die Rahner seit 1947 über esoterische und mystische Phänomene veröffentlicht hat (zuletzt *Visionen und Prophezeiungen* als überarbeitete Monographie 1958). Er versucht hier zu differenzieren zwischen einer rationalistischen Verachtung und einer leichtgläubigen, abergläubischen oder gar elitär-esoterischen Sicht paranormaler oder mystischer Phänomene. Stets ist ihm die ganz „alltägliche" christliche Verkündigung und Praxis „unvergleichlich wesentlicher und wichtiger als alle ‚Offenbarungen'". Den Kern solcher Phänomene geht Rahner so an: „Überhaupt wird man sich in den meisten Fällen bei Erscheinen himmlischer Visionen, gerade wenn sie echt sind, den Vorgang am ehesten so denken müssen, daß durch eine göttliche Berührung des tiefsten Herzens und Gewissens hinter allem sinnlich Gestalthaften auch eine Auswirkung, gewissermaßen ein Echo in der menschlichen Schicht der sinnlichen Vorstellungskraft hervorgerufen wird, und so die ‚Erscheinung' meistens eine ‚imaginative Vision' ist, die nach den Lehren der Mystik sogar um so mehr zurücktritt, je vollkommener die in sich an andere kaum mitteilbare Wirkung Gottes in der eigentlichen Tiefe des Geistes wird. Damit ist aber gegeben, daß einerseits, was die Visionäre von ihrem Erlebnis berichten (wenn sie die ‚Erscheinung' beschreiben), nur ein Echo des Eigentlichen und unmittelbar Erfahrenen ist, und daß andererseits das mitteilbare (‚Gestalt' und ‚Worte' der Erscheinungen) schon immer auch Ausdruck der subjektiven Eigenart, der sonstigen religiösen Einstellung, der theologischen Ansichten und der Umwelt der Visionäre ist und schon darum dem Irrtum oder dem Einfluß der begrenzten Subjektivität des einzelnen Menschen ausgesetzt ist" (1947). Der zentrale Punkt von Rahners „Kriteriologie": „Auch die Liebhaber der Offenbarungen und Erscheinungen sollten nicht vergessen [...]: Im Armen und Notleidenden ‚erscheint' uns Christus am gewissesten" (1948a, 213).

Ein frappantes Beispiel für die Schärfe, mit der Rahner theologische Übertreibungen (auch) im Bereich der Mariologie angehen konnte, bietet seine Rezension einer Schrift über die „Legio Mariae", die L. J. Suenens – später als Kardinal von Mecheln eine der führenden Gestalten auf dem II. Vatikanum und in der charismatischen Bewegung nach dem Konzil und als solcher von Rahner vehement verteidigt (1971, S. 227ff.) – 1952 unter ausdrücklicher Befürwortung seines Ortsbischofs verfaßt hatte.

Insbesondere wendet Rahner sich gegen die Behauptung: Maria *„allein* verwaltet und verteilt alle [...] Gnaden [des hl. Geistes], *an wen sie will, wann sie will und in welchem Maße sie will*" und fügt schließlich hinzu: „Das eigentliche Bedenken ist dies. Die theologische Sprache muß nicht nur dogmatisch möglich sein, [...] sie muß auch erzieherisch und kerygmatisch (oder wie man so etwas nennen mag) richtig sein, d.h. auch bei Hervorhebung bestimmter wahrer und wichtiger Dinge [...] diese doch so darstellen, daß die noch wichtigeren, fundamentaleren Wahrheiten nicht aus dem unvermeidlich engen menschlichen Bewußtsein verdrängt werden oder verblassen" (1953, 229).

Der skizzierte Hintergrund ist im Auge zu behalten, wenn wir uns nun kurz Rahners Kommentierung der bisher letzten feierlichen dogmatischen Verkündigung der katholischen Kirche, der „Definition" der leiblichen Aufnahme Marias in den Himmel durch Pius XII von 1950, zuwenden. Rahners umfassende Stellungnahme dazu blieb in den Mühlen der Ordenszensur hängen (Neufeld 1994, 106ff.). Als autoritären Gestus hat er diesen Schritt bedauert, später aber ironisch-selbstkritisch hinzugesetzt: „Hinterher war ich darüber ganz froh. Vom Orden aus gesehen könnte ich es zwar heute ohne weiteres veröffentlichen, aber es wäre ein Buch, mit dem ich mich blamieren würde, weil die ganze Bibeltheologie, die darin enthalten ist, heute unmöglich ist" (1986, 30f). Nach weiteren anderthalb Jahrzehnten wird die Publikation als historisches Dokument in der Gesamtausgabe schon wieder unter einem anderen Vorzeichen stehen.

In seinen dann publizierten Äußerungen geht es Rahner vor allem darum, die durch das Dogma hervorgerufenen ökumenischen Irritationen abzubauen. Er betont: die Kirche weiß im Grunde sehr wenig von Maria, sie kennt keine Lebensgeschichte, sondern nur die Bekenntnisaussagen. Das gilt auch für das Ende und die Vollendung dieses Lebens. Es geht im Grunde darum, ob die Kirche diese Vollendung – die als solche nicht anders als die gehoffte Vollendung eines jeden Menschen ist – von Maria aussagen kann. Wir stehen also bei einer zentralen Frage der Theologie des Todes, nämlich der nach der Vollendung des von Gott gerecht gemachten Menschen. Dazu gehört notwendig der ganze, leibhaftige Mensch, von dem gilt, daß „sein letztes Ziel und seine Vollendung darin besteht, daß er einmal in allen Dimensionen seiner Wirklichkeit die ewige Herrlichkeit seines Schöpfers teilt" (1956, 89). „Die ‚Existenz' im Hier und Jetzt des Fleisches (das Thema aller heutigen Philosophie vom Menschen) ist weder die Mauer, die uns ewig von Gott trennen und uns ewig zu ‚Gottlosen' machen müßte, noch dasjenige, das abgetan werden müßte (wiewohl es ‚verwandelt' werden muß), um zu Gott selbst zu gelangen. Das Fleisch ist vielmehr vom Vater geschaffen, vom Sohn erlöst, vom Geist geheiligt und – schon ist es auch für ewig gerettet. Inmitten der Angst und Not dieses Geschlechts erhebt die Kirche, der man so gern vorwirft, sie sei politisch und der irdischen Macht ergeben, sie richte sich gar zu gern definitiv in dieser Welt ein, ihr Haupt und schaut der einzigen Hoffnung entgegen, der sie wahrhaft vertraut, der Zukunft Gottes, der so sehr mit seinem Reich am Kommen ist, daß er schon begonnen hat, ganz da zu sein, schaut die Kirche empor und grüßt in Maria, ihrem eigenen Vorbild, ihre eigene Zukunft, die Zukunft der ‚Auferstehung des Fleisches'" (1951, 12 f.).

5. „Natur" und „Gnade"

Damit das, was traditionell als das Verhältnis zwischen „Natur" und „Gnade" bezeichnet wird, überhaupt als ein Problem verstanden werden kann, ist zweierlei vorausgesetzt. Erstens der Glaube an eine das Heil aller Menschen angehende Selbstmitteilung Gottes. Zweitens – und das ist nicht einmal im christlichen Abendland selbstverständlich –, daß man die Freiheit des durch Gott angesprochenen Menschen wirklich ernst nimmt. So ernst, daß man ihm zugesteht, trotz restloser Beanspruchung durch die ihn einfordernde Offenbarung sich selbst als ein Wesen zu verstehen, das frei über sich verfügen kann. Geht man von dieser doppelten Voraussetzung aus, dann erheben sich zwei grundlegende Forderungen. Es muß sich zum einen philosophisch aufweisen lassen, daß im Inneren des Menschen immer schon eine strukturelle Offenheit auf Offenbarung besteht. Ohne diese in der „Immanenz" des Menschen selbst auffindbare Hinordnung auf den sich geschichtlich mitteilenden Gott könnte man von keiner Verpflichtung sprechen, daß der Mensch für eine solche Offenbarung überhaupt ein offenes Ohr hat. Zum anderen müssen sich die als göttliche Offenbarung behaupteten Sachverhalte als für die menschliche Existenz sinnerschließend verstehen lassen. Daraus ergibt sich die Aufgabe, Dogmatik prinzipiell hermeneutisch zu betreiben, d.h. die Gehalte des christlichen Glaubens für menschliches Verstehen aufzuschließen.

Das „Natur-Gnade-Problem" ließe sich dann so beschreiben: Die Selbstmitteilung Gottes ist ein reines Geschenk aus göttlicher Freiheit, in traditioneller Terminologie „Gnade". Wenn nun aber der Mensch schon von seiner ursprünglichen Konstitution, seiner „Natur" her, so auf diese göttliche Offenbarung hingeordnet ist, daß er ohne diese nicht zu einem letztlich sinnvollen Leben finden kann: wäre dann die Offenbarung nicht doch in demselben Augenblick geschuldet, wo Gott die menschliche Natur schafft? Sonst würde Gott ja einen Sisyphus oder Tantalus in die Welt setzen, der von Natur her zu einem unerreichbaren Ziel verdammt ist.

Im Horizont scholastisch-neuscholastischer Theologie hatte man sich durch „Extrinsezismus" gegen dieses Problem weitgehend immunisiert. *Daß* Gott eine für den Menschen verbindliche übernatürliche Offenbarung „erlassen" hatte, galt als durch begleitende Wunder und erfüllte Weissagungen, die sog. „äußeren Argumente" für die ergangene Offenbarung, gesichert. Das *Was* dieser durch die Kirche verbindlich für den Menschen vorgetragenen göttlichen Verfügungen war der menschlichen Vernunft aber grundsätzlich verschlossen. Die Frage nach einer anthropologischen Vermittlung des Sinns kirchlicher Lehren und Praktiken blieb der Theologie somit erspart. Seitdem jedoch Maurice Blondel sich eben dieser lange verdrängten Frage gestellt hatte, war sie nicht mehr verstummt – ebensowenig wie der gegen ihn (und die „Modernisten") deswegen erhobene Vorwurf des „Immanentismus".

Implizit schien auch Rahners eigener Ansatz von dem Vorwurf betroffen, insofern auch er ja nach den „transzendentalen Möglichkeitsbedingungen" für die gehorsame Aufnahme einer geschichtlichen Offenbarung fragte. Als 1950 das Erscheinen der Enzyklika *Humani generis* unmittelbar bevorstand, sah sich Rahner daher zu Klärungen veranlaßt. Denn die Enzyklika enthielt eine unübersehbare Verurteilung: „Andere machen die wahre *,Gnadenhaftigkeit'* *der übernatürlichen Ordnung* zunichte, da sie behaupten, Gott könne keine vernunftbegabten Wesen schaffen, ohne diese auf die seligmachende Schau hinzuordnen und dazu zu berufen" (DH 3891). Diese Aussage war unmittelbar wohl an die Adresse der „nouvelle théologie" (im Umkreis von Henri de Lubac) gerichtet. In dieser zugespitzten Situation erschien es Rahner aber geboten, seine eigene Position gegenüber den in Frage gestellten Äußerungen deutlich abzugrenzen. Dazu diente ihm das Stichwort „übernatürliches Existential".

Der Sache nach war dieser Begriff bei Rahner längst vorbereitet. Der Terminus selbst findet sich wohl erstmalig in seinem 1947 gehaltenen Vortrag *Zur Theologie des Todes* (1949a, 97). Erst von 1950 an erhält der Begriff aber geradezu den Status eines Leitmotivs in dem von nun an eindeutig als „transzendentale *Theologie*" zu charakterisierenden Rahnerschen Denken. Was bringt er zum Ausdruck?

Der Sprache Heigeggers entlehnt, verweist der Begriff „Existential" auf eine generelle Bestimmung der menschlichen

Existenz, hier also auf die alle Menschen auszeichnende Hinordnung auf die Selbstmitteilung Gottes, letztlich auf das „von Angesicht zu Angesicht" am Ende des Weges Gottes mit dem Menschen. Insoweit gab es eine völlige Übereinstimmung Rahners mit den Vertretern der „nouvelle théologie" (wie auch M. Blondel). Rahner konzediert auch (in der erweiterten Fassung seines Aufsatzes, 1954), daß das personale Seiende auf die personale Gemeinschaft mit Gott in Liebe so hingeordnet ist, daß es eben diese Liebe als freies Geschenk empfangen muß. „Ist es nicht so schon bei der irdischen Liebe: sie ist (als die Tat des Partners) das, worauf der liebende und Liebe empfangende Mensch sich eindeutig hingeordnet erfährt, so daß er sich unglücklich und verloren vorkäme, wenn er diese Liebe nicht empfinge, und doch nimmt er eben diese Liebe als das ‚Wunder' und das unerwartete Geschenk der freien (also ungeschuldeten) Liebe entgegen?" (ST 1, 331 f.).

Dennoch darf hier nicht von einem *natürlichen* Existential gesprochen werden: „Entscheidend aber ist dieses: kann derjenige, der eine solche Hinordnung auf die personale und intime Liebesgemeinschaft [...] *selber geschaffen* hat, unter dieser Voraussetzung diese noch gleichzeitig verweigern, ohne gegen den Sinn dieser Schöpfung und seiner schöpferischen Tat selbst zu verstoßen? Diese Frage ist aber mit Nein zu beantworten, ganz gleichgültig, ob man immer noch sagen könnte, der so Geschaffene müsse und könne diese Liebe als Geschenk und Gnade ansehen [...]. Ist dieses Nein aber richtig, dann folgt daraus, daß unter Voraussetzung einer solchen Hinordnung [...] die tatsächliche Gewährung des Zieles dieser Hinordnung nicht mehr frei und ungeschuldet sein kann. Ist also die Hinordnung nicht von der Natur abhebbar, dann ist die Erfüllung dieser Hinordnung, gerade von Gott her gesehen, geschuldet" (ST 1, 332).

Aufgrund dieser Argumentation kommt Rahner zu dem Ergebnis, daß jenes „Existential", das die Hinordnung jedes Menschen auf die personale Gemeinschaft mit Gott begründet, kein Bestandteil der menschlichen „Natur" sein kann, sondern als „übernatürlich" bezeichnet werden muß. Es handelt sich, inhaltlich gesehen, um eben jene „real-ontologische" Bestimmung des Menschen, die Rahner als Folge der Annahme menschlichen Fleisches durch das göttliche Wort herausgestellt hatte (s. o. 1949a, 94). Dieses „Apriori" des Menschen ist zwar eine universale Bestimmung – die „transzendentale Offenbarung", welche die Rede vom „anonymen Christsein" aller Menschen erlaubt. Ihr gegenüber muß sich eine „reine Natur" des Menschen aber zumindest *hypothetisch* abheben lassen, wenn die Ungeschuldetheit der Gnade gewahrt bleiben soll.

Damit hatte sich Rahner in der Tat sehr deutlich gegenüber der von Maurice Blondel beeinflußten „nouvelle théologie" abgegrenzt. Deren Aussagen zum Natur-Gnade-Problem lassen sich allerdings nur mit Schwierigkeit zu einer einheitlichen „Position" zusammenfassen. Was Blondel selbst angeht, so hatte zwar auch er unterstrichen, daß die strukturelle Hingeordnetheit des Menschen auf Offenbarung nicht als Mitgift einer „reinen Natur" betrachtet werden darf. Er bezeichnete sie als „transnaturel". Der Unterschied zu Rahner besteht einmal darin, daß Blondel diese über eine reine Natur hinausgehende Bestimmung nicht als Folge der Menschwerdung ansah, sondern als Teil der ursprünglichen Gnadenausstattung des Menschen „im Augenblick" der Schöpfung. Seit dem Verlust der Gottesgemeinschaft durch die „Adamsschuld" war die menschliche Natur bleibend durch diesen Mangel gezeichnet. Die Gnade hatte eine Spur hinterlassen, die es dem Menschen unmöglich machte, sich im Raum seiner eigenen Verfügungsgewalt wohnlich einzurichten. Das damit gegebene Verlangen nach einer anderen, den Raum des Eigenen sprengenden Freiheit muß zwar selbst als gnadenhaft angesehen werden, auch wenn es alles andere als ein Erbrecht auf eine neue göttliche Selbstmitteilung darstellt. Blondel sah allerdings, und das ist der zweite Unterschied gegenüber Rahner, keine Notwendigkeit, hinter die tatsächliche Schöpfungskonstitution des Menschen (bzw. ihre Folgen „nach dem Fall") zurückzufragen nach einer „reinen Natur", die Gott möglicherweise auch geschaffen haben könnte (vgl. A. Valensin 1912, Sp. 587 f.).

In beiden Positionen bleiben Fragen offen. Was Rahner betrifft, so wurde seine Bestimmung des „übernatürlichen Existentials" (zusammen mit den systematisch dazugehörig Aussagen über den „anonymen Christen" und die „transzedentale Offenbarung") zu einem zentralen Punkt der Kontroverse im Raum jener Theologen, die wie Rahner den engen Rahmen neuscholastischer Begrifflichkeit zu sprengen suchten. Im Hinblick auf das traditionelle Denken selbst aber, das in der Enzyklika *Humani generis* noch einmal energisch zu Wort gekommen war, bot die „Lösung" Rahners den theologiegeschichtlich bedeutsamen Vorteil, daß zumindest in dieser Frage nun mit Entschiedenheit „anthropologisch weitergedacht" werden konnte, ohne die beständige Sorge im Nacken, mit dem Lehramt in Konflikt zu geraten.

Der Extrinsezismus der Neuscholastik war allerdings eine systematische Einrichtung: eine nahezu perfekte Immunisierungsstrategie gegen die Zumutung, die Bedeutung der Offenbarung an die menschliche Vernunft allgemein und insbesondere an jeden Menschen und zu jeder Zeit hermeneutisch zu vermitteln. Rahners leitender Gedanke hingegen war gerade, daß Theologie zugleich immer Anthropologie zu sein hat, und dies aus *theologischen* Gründen. Die Forderung nach einer „anthropologischen Wende" der Theologie entstammt bei ihm weder der Neigung zu einer billigen Akkomodation an den Zeitgeist, noch wird sie aus philosophischen Argumenten hergeleitet. Sie entspringt vielmehr der Einsicht, daß das Zusammenspiel von Theologie und Anthropologie eine letztlich unabweisliche Mitgift der Menschwerdung Gottes selbst ist. Damit war für diesen Theologen, der wie kaum einer sonst die Wende zur Anthropologie vor dem Forum der neuscholastischen Tradition zu verantworten suchte, auf längere Sicht ein Zusammenstoß mit dem Lehramt so gut wie vorprogrammiert.

6. Christologie

Die für den christlichen Glauben entscheidende Frage nach Jesus Christus steht nicht notwendig auch formal und thematisch im Zentrum eines jeden theologischen Werks. Karl Rahner hat erst in Münster „von Berufs wegen" Vorlesungen über Christologie halten müssen. Christologische Reflexionen lassen sich zwar schon in sehr frühen Texten Rahners finden, etwa in Abhandlungen über die Kirchenväter (z. B. 1934, 174), im Versuch eines Überblicks über die protestantische Christologie von 1936 (SW 4, 299-312), vor allem in seinen Gebetstexten. Eine erste explizite und ausführliche christologische Abhandlung entsteht aber wiederum aus einem äußeren Anlaß: Durch die 1500-Jahr-Feier des Konzils von Chalkedon (451) wurde Rahner zu seinem großen Aufsatz *Probleme der Christologie heute* angeregt (ST 1, 169-222). In weniger technischer Form und unter Aufnahme anderer Anregungen (z. B. von Bernhard Welte) hat er seinen Grundentwurf zum Verständnis der Christologie dann 1958 in dem Beitrag *Zur Theologie der Menschwerdung* (ST 4, 137–155, aufgenommen in den *Grundkurs des Glaubens* 1976) vorgelegt.

Das „Dogma von Chalkedon" hatte die spannungsvolle Einheit zwischen der „göttlichen und menschlichen Natur" in Jesus Christus zwar in „ontotheologischer" Terminologie, aber doch in all seiner paradoxen Schärfe festgehalten: „unvermischt und ungetrennt". Während aber Theologen wie Augustinus, Anselm von Canterbury oder Richard von St. Viktor sich noch um eine anthropologische Vermittlung der zentralen Glaubensgeheimnisse der Trinität und Inkarnation mühten, galten nach Thomas von Aquin diese „mysteria stricte dicta" als für die Vernunft grundsätzlich unaufschließbar. Auf diese Weise wurde aus dem Mysterium der Menschwerdung, einer aus dem unergründlichen Ratschluß Gottes erfolgenden Tat der Liebe, ein Geheimnis im Sinne eines „verschleierten Bildes", das aufhellen zu wollen vermessen wäre. Die generelle Folge davon stand im krassen Gegensatz zu der Intention des Konzils von Chalkedon: In der Theorie und Praxis der Kirche kam es zu einem kaum verbrämten „Monophysitismus von oben" – einem Jesus, der, schon auf Erden mit göttlichen Kräften versehen, an seinem wahren Menschsein zweifeln ließ. Als Gegenreaktion entstand im Zuge der Aufklärung die historisch-kritische Suche nach dem unverstellten Menschen Jesus, dem man je nach dogmatischer Veranlagung dann im Nachhinein eine göttliche Qualifikation zusprechen mochte oder auch nicht – eine Art „Monophysitismus von unten".

Rahner versucht, die eigentliche Dimension von „Geheimnis" wiederzugewinnen. Diese besteht nicht darin, daß etwas absolut außerhalb unserer Sichtweite gerückt wird, sondern daß uns das absolute Geheimnis, das Gott selbst ist, in unserem Innersten heimsucht. Die „Menschwerdung Gottes" kann erst dann eigentlich ernstgenommen werden, wenn sie etwas mit der Menschwerdung des Menschen selbst zu tun hat. Und konsequenterweise muß Gott als ein solcher gedacht werden, dem es nicht irgendwann einfällt, Mensch zu werden, sondern der in seinem göttlichen Inneren immer schon jene radikale Zerreißprobe der Liebe aushält, aus der dann über seine Inkarnation das Heil für den Menschen ergehen kann.

Ausgangspunkt der christologischen Reflexion Rahners ist wiederum der in *Geist in Welt* und *Hörer des Wortes* gewonnene Ansatz: Indem der menschliche Geist das sich selbst helle „Über-alles-hinaus-Sein", „die zu sich selbst gekommene Undefinierbarkeit" ist (1976, 215), grenzt der Mensch nicht nur an das Geheimnis Gottes, sondern ist selber Geheimnis, weil er im Wesenskern, „in seinem ursprünglichen Grund, in seiner Natur die arme, aber zu sich selbst gekommene Verwiesenheit auf diese Fülle ist" (1976, 214). Diese Verwiesenheit auf das Geheimnis ist nur dann „verstanden und begriffen, wenn wir uns von dem Unbegreiflichen frei ergreifen lassen in dem Einverständnis mit jenem Akt, der unaussagbar die Bedingung der Möglichkeit alles begreifenden Aussagens ist" (1976, 215). Hier klingt deutlich nach, was Blondel die *option* für die meine Freiheit beanspruchende Freiheit eines anderen nennt, die einzig fähig wäre, meinem Über-alles-hinaus-Sein Sinn zu verleihen.

Damit ist nun der Weg zum Verständnis des „Mensch geworden" gebahnt. Denn diese „undefinierbare Natur, deren Grenze [...] die grenzenlose Verwiesenheit auf das unendliche Geheimnis der Fülle ist, kommt, wenn sie von Gott als seine eigene Wirklichkeit angenommen wird, dort an, wohin sie kraft ihres Wesens immer unterwegs ist. [...] Die Menschwerdung Gottes ist von daher gesehen der einmalig höchste Fall des Wesensvollzugs der menschlichen Wirklichkeit" (1976, 216).

„... wenn sie von Gott als seine eigene Wirklichkeit angenommen wird...": Wie aber soll man menschlich-geschichtliche als göttliche Wirklichkeit verstehen, ohne der Dialektik Hegels zu verfallen? Den Ernst der Menschwerdung des göttlichen Wortes kann man nicht denkend angehen, ohne zugleich die Frage nach der inneren Wesensverfaßtheit Gottes selbst aufzuwerfen. Hier wird auch Rahner sich unweigerlich in den Aporien verlieren, denen alles Denken über das dreifaltige Wesen Gottes ausgesetzt ist. Aber der Schritt muß gewagt werden, will man „den traditionellen Aussagen der Dogmatik jenen mythologischen Eindruck nehmen, Gott habe in der Livree einer menschlichen Natur, die ihm nur äußerlich anhaftet, auf Erden nach dem Rechten gesehen, weil es vom Himmel aus nicht mehr ging" (1976, 217).

„Das Geheimnis der Inkarnation muß in Gott selbst sein, eben darin, daß er *selber* – obzwar an sich und in sich unveränderlich – am anderen etwas werden kann" (1976, 219). „Das glaubensmäßig gegebene Urphänomen ist gerade die Selbstentäußerung [...] Gottes selbst, der werden kann, indem er im Setzen des entsprungenen anderen selbst das Entsprungene *wird*, ohne in seinem Eigenen, dem Ursprünglichen selbst, werden zu müssen" (1976, 220). Gott ist in sich und für sich selbst *Aussage*. Hierin liegt die Möglichkeit begründet, daß er sich in die Schöpfung hineinsprechen, sich selbst verlieren kann, ohne aufzuhören, Gott zu sein. Wer ein solches Wort zu sprechen vermag, das in sich selbst freie, unverfügbare Person ist, der hat sich immer schon in einer Weise von sich weggegeben, die der Mensch in seiner Enge nicht begreifen kann. Er kann sich nur von diesem „Geheimnis" mitreißen lassen, das alles andere als mit dem Schleier des Dogmatischen versehene Geheimniskrämerei ist.

Wer die „großen Aufsätze" Rahners in dieser Innsbrucker Zeit intensiv studiert, erkennt, daß – bei aller Anlaßbezogenheit und dem beständigen Versuch, den traditionellen Vorgaben gerecht zu werden – hier schon in einer Weise systematisch und aus einem theologischen Zentrum gedacht wird, die eine kläglich den Zeichen der Zeit nachhinkende Theologie auf einen neuen, festen Weg zu führen vermochte. Die Gesamtperspektive selbst zu verdeutlichen war Rahner bislang aber noch nicht möglich gewesen. Es brauchte einen Katalysator, der nicht nur zur Ausfaltung dieser Perspektive, sondern auch zu der ihr gemäßen Wirkmächtigkeit verhalf. Man geht wohl nicht fehl, im Zweiten Vatikanischen Konzil einen solchen Katalysator für das Rahnersche Schaffen zu sehen.

V. Äußere Streuung – innere Synthese: Rom, München, Münster

1. Der Konzilstheologe

Der Ruf Rahners war im Raum katholischer Theologie in der fünfziger Jahren beträchtlich gewachsen. Auch andere Fakultäten hatten ein Auge auf den Jesuitenprofessor geworfen, aber die Ordensleitung war nicht willens, ihn aus der Verpflichtung der Innsbrucker Aufgaben zu entlassen. In der stark reglementierten kirchenpolitisch-theologischen Landschaft des Pontifikats Pius' XII. – man ist versucht, übergreifend sogar von einer „pianischen Epoche" von 1903, dem Jahr der Papstwahl Pius X., bis 1958, dem Todesjahr Pius XII., zu sprechen – war anderseits ein selbständiges und originelles theologisches Denken immer auch potentiell gefährdet. Die schon im Zusammenhang mit Rahners Äußerungen zum Mariendogma von 1950 stark geprüfte Duldungsbereitschaft maßgeblicher römischer Theologiepolitiker war vor Konzilsbeginn nicht mehr gegeben. Man belegte Rahner mit einer „Vorzensur", wohl um ihn für das Konzilsereignis ganz auszuschalten. Und doch wurde Rahner zu einem der berühmtesten Theologen während des Konzils. Wie läßt sich dieser Umschwung begreifen?

Diese Frage kann man kaum zureichend aus den Rahner unmittelbar betreffenden Texten und Kontexten erklären. Ähnlich schwer nachvollziehbare Wenden gab es ja noch in viel umgreifenderen Zusammenhängen. Die von den römischen Kongregationen erarbeiteten Entwürfe der Dokumente, aus denen dann die beiden Dogmatischen Konstitutionen hervorgingen – über die göttliche Offenbarung, *Dei Verbum*, und über die Kirche, *Lumen gentium* –, waren noch völlig aus der petrifizierten Theologie des 19. Jahrhunderts heraus konzipiert. Das schließliche Ergebnis der Konzilsdebatten über die

Texte aber atmete einen Geist, den kaum noch jemand in der katholischen Kirche zu suchen gewagt hätte. Wie war all dies möglich?

Gewiß, gründliche Veränderungen im Katholizismus waren überfällig. Diese Beobachtung traf aber schon lange zuvor zu – und gilt heute vielleicht schon wieder. Sicherlich, es gab erstmals nach langer Zeit einen Mann, der diese Veränderungen in die Wege leiten konnte: Papst Johannes XXIII. Aber wäre dieser Mann allein mächtig genug gewesen, den ganzen „römischen Apparat" in Bewegung zu setzen? Wie kommt es, daß das Zweite Vatikanische Konzil zu einem Ereignis mit einer solchen weltweiten Resonanz wurde, wie es – zumindest synchron gesehen – in der gesamten Geschichte der Kirche seinesgleichen sucht? Zur Beantwortung dieser Frage kommt man wohl nicht an der eigentümlichen geschichtlichen Konstellation vorbei, die – wenn schon oben von einer „pianischen Epoche" gesprochen wurde – als die kurze Zeit der „Ära Johannes XXIII. und John F. Kennedys" bezeichnet werden könnte. 1959 hatte Johannes XXIII. zur Verwunderung aller das neue Ökumenische Konzil angekündigt. 1960 wurde mit John F. Kennedy der erste katholische Präsident der Vereinigten Staaten von Amerika gewählt. Wäre dies ohne jenen „johanneischen Hintergrund" möglich gewesen? Und andererseits: Hätte ohne die ungeheure gesellschaftliche Aufwertung, die der Katholizismus in den U.S.A. in den folgenden Jahren erfuhr, die römische Kirche auf dem Konzil den Mut zu einem solchen Aufbruch gefunden? Als 1963 Johannes XXIII. starb und noch im selben Jahr J. F. Kennedy ermordet wurde, bekam jene Ära des Aufbruchs einen fast mythologischen Glanz – mit der Konsequenz von Reformerwartungen, die die Folgezeit nicht nur nicht erfüllt hat, sondern wohl auch unter besseren Bedingungen nur zum Teil hätte erfüllen können.

In diesem umfassenderen Horizont des Umbruchs muß nun aber doch der Weg der vielen kleinen Schritte verfolgt werden. Die über Rahner verhängte „Vorzensur" löste eine Welle von bis dahin kaum beobachteter Solidarität in der deutschen Wissenschaft aus, bis hin zum Einspruch der Kardinäle Döpfner,

Frings und König – letztere die Vorsitzenden der deutschen bzw. österreichischen Bischofskonferenzen. Der Wiener Kardinal König bat Rahner, als Konzilsberater mit nach Rom zu gehen. Als Rahner dann erst einmal in römischen Gremien tätig wurde, besannen sich manche der ihn zunächst ablehnenden Kollegen eines besseren – nicht zuletzt aufgrund seines geläufigen Umgangs mit der lateinischen Sprache der Schultheologie. Rahner selbst: „Es mag auch sein, daß der damalige Präfekt des Heiligen Offiziums, Alfredo Ottaviani, gemerkt hat, daß ich ein ganz harmloser und normaler Theologe bin. So wurde dann dieses römische Dekret [die Vorzensur] einfach vergessen" (1986, 15).

Rahners Aussagen über das II. Vatikanum waren zunächst sehr zurückhaltend. Von einer Euphorie bei der Ankündigung des Konzils ist nichts zu spüren. Seinem Vertrauten Herbert Vorgrimler schreibt er 1959: „Daß man bisher in Rom der Meinung in vielen Kreisen war, ein Konzil sei heute nicht mehr möglich, wundert mich nicht. Ich war eigentlich selber so halb dieser Ansicht. Rein aus parlamentstechnischen Gründen. Wenn aber diese Schwierigkeiten doch überwindbar sind und wirklich überwunden werden, dann könnte ein neues Konzil schon eine hervorragende Dynamik gegen einen einseitigen Zentralismus in der Kirche der letzten Jahrzehnte auslösen und darstellen, vorausgesetzt, daß wir genügend Bischöfe haben, die eine eigene Meinung haben" (1986a, 171 f.). Diese Äußerungen haben Gewicht über ihren unmittelbaren historischen Kontext hinaus.

Aus den Briefen an Herbert Vorgrimler kann man anschaulich entnehmen, wie intensiv die Beanspruchung und das Wirken Rahners während des Konzils waren (1986a). Er selbst hat seine Bedeutung immer zu relativieren gesucht und vor allem die Bezeichnung „der" Konzilstheologe unwirsch zurückgewiesen: „Das ist natürlich auch wirklich ausgesprochenes Blech! Ich war dabei, aber meine Mitbrüder Otto Semmelroth und Alois Grillmeier waren auch dabei, und der bedeutende ‚Chef' der Theologischen Kommission, der belgische Theologe Gérard Philips, und andere Leute haben mitgearbeitet" (1986,

17). Man kann – im Rückblick etwa auf Mario von Gallis berühmt gewordene „Briefe aus Rom" (Orientierung 1961–1965) – auch fragen, ob, zumindest während der frühen Phasen des Konzils, der blutjunge Fundamentaltheologe aus Bonn, Joseph Ratzinger, nicht als der eigentliche „Startheologe" auf dem Konzil angesehen wurde. Als Berater des Kölner Kardinals Frings, der durch sein unerwartet mutiges Auftreten zu Beginn des Konzils eine Brücke zwischen „Traditionalisten" und „Progressivisten" zu schlagen vermocht hatte, konzentrierte er viele Hoffnungen auf sich. Rahner selbst (während seiner Arbeit an der Neufassung eines Entwurfs, der dann zu einem wesentlichen Durchbruch im katholischen Offenbarungsverständnis verhalf): „Ich bossle an Schemataversuchen von Ratzinger und mir, von Congar und von Philips herum. Wahrscheinlich wird es für die Katz sein. [...] Mit Ratzinger komm ich gut aus. Und er ist sehr gut bei Frings angeschrieben" (30. 10. 1962, 1986a, S. 190).

Ein anderer Aspekt ist der publizistische Einfluß Rahners auf das Konzil. Von dem *Lexikon für Theologie und Kirche*, das auf weite Strecken von dem Wirken Rahners geprägt war, lag schon bei Konzilsbeginn über die Hälfte der Bände vor. Zusammen mit Herbert Vorgrimler, seinem damals wohl engsten Mitarbeiter, verfaßte er – bis zur Ununterscheidbarkeit der jeweiligen Anteile – 1961 das *Kleine theologische Wörterbuch,* das nach dem Konzil sicher zu dem meistgenutzten theologischen Nachschlagewerk in der gesamten katholischen Welt wurde. Die Frage, ob es ins Italienische übersetzt werden sollte, war während des Konzils noch ein Politikum. (Rahner: „Sicher ist das Italienische wegen den Bonzen und Hütern der Orthodoxie in Rom ein besonderes Problem", 1986a, 175.) Es erschien 1965 auf Englisch und Niederländisch, 1966 auf Spanisch, erst 1968 jedoch auf Italienisch. Ohne Wirkung auf das Konzil ist es dennoch kaum geblieben (vgl. Neufeld, 321).

Direkt in Richtung auf das kommende Konzil geschrieben ist Rahners Aufsatz *Zur Theologie des Konzils* in den *Stimmen der Zeit* 1962 (ST 5, 278–302). Rahner kannte durch Kardinal König damals bereits die Vorbereitungsdokumente für das

Konzil und sah – mit anderen bedeutenden Theologen – in deren Abwehr eine dringende Aufgabe. Die Thematik ist im wesentlichen auf ekklesiologische Fragen wie Kirchenstruktur, Amt, Kollegialität, Primat und Episkopat konzentriert. Rahner versucht angesichts des eingespielten römischen Zentralismus scharf, wenn auch mit großer Zurückhaltung, zu distinguieren, etwa gegenüber der juristischen These Salaverris, daß es nur eine höchste Gewalt in der Kirche gäbe, nämlich die des Papstes. Rahner: „Es gibt *einen* obersten und höchsten Träger der obersten und höchsten Gewalt in der Kirche, die Einheit des Bischofskollegiums, in und unter dem Papst zur Einheit verfaßt, und dieser eine oberste Träger hat entsprechend dem Wesen eines Kollegiums die Möglichkeit, in *verschiedener* Weise handelnd aufzutreten, ohne dadurch die Einheit des handelnden Subjekts aufzulösen" (ST 5, 285). Aber diese oberste Gewalt ist mitnichten die einzige in der Kirche. Es wäre „eine einfache Häresie und sonst nichts", wollte man der Hierarchie allein die Rolle der Vermittlung der Gnade Christi in seiner Kirche zuschreiben. „Gott hat in seiner Kirche nicht zugunsten der Hierarchie abgedankt. Gottes Geist weht in der Kirche nicht nur dadurch, daß er in den obersten Behörden der Kirche zu wirken beginnt" (287). Rahner verweist auf die große Bedeutung des freien Charismas. Er appliziert dies auf das Konzil, indem er damit zugleich dessen Rolle begrenzt. Das Walten des Geistes „geschieht nicht notwendig so, daß die eigentliche Initialzündung für neue charismatische Impulse vom Amt ausgehen müßte oder auch nur könnte" (295).

Auf diesem Hintergrund nimmt man die realistische Zurückhaltung Rahners in seinen konkreten Erwartungen an das Konzil (zumindest aus der Retrospektive) mit einiger Bewunderung wahr. Nicht nur der Mensch, sondern wohl auch der auf einem ökumenischen Konzil präsente Christ ist aus „einem krummen Holze" geschnitzt (Kant). Rahner wendet sich gegen die Tendenz, zuviel festlegen zu wollen. Angesichts der gewandelten und sich wandelnden Welt ließe sich zwar „denken und wünschen, daß [...] die Wahrheit in einer Weise gesagt werde, in der die alte, ewig gültige Wahrheit der christlichen

Offenbarung neu durchdacht, aus [der] Mentalität des Menschen von heute heraus formuliert ist [...]. Hier ist nun nüchtern zu sehen, daß man von einem Konzil in der gegenwärtigen Situation nicht viel in dieser Hinsicht verlangen kann" (296). Rahners Überlegungen im Detail kreisen um Themen, die für das Konzil in der Tat zentral werden sollten – auch wenn es da bis heute noch manchen Nachholbedarf und auch Rückschläge gibt: Dezentralisation, ökumenische Offenheit, Reform des Kirchenrechts, der Liturgie, Erneuerung des Diakonats, Hinweise auf neue Möglichkeiten der „Inkulturation".

Nach der ersten Sitzungsperiode geht Rahner in einem Vortrag von 1963 Einzelthemen der Konzilsarbeit durch. Dabei tritt sein eigenes Ringen plastisch zutage, so etwa im Hinblick auf die Lehre von der Offenbarung in der Bemerkung über den allgemeinen Heilswillen Gottes: „Hinsichtlich eines universalen, die ganze Menschheit vom Anfang bis zum Ende umfassenden Heilswillens, der jedem Menschen, der sich nicht schwer schuldhaft Gott versagt, das ewige Heil gewährt, darf man sich die Mentalität des Konzils durchaus offen und optimistisch vorstellen, wenn auch dieses theologische Problem, soweit man sehen kann, kein ausdrückliches Thema des Konzils ist" (1963a, 240). Das Ergebnis gibt ihm Recht: „Die göttliche Vorsehung verweigert auch denen die zum Heil notwendigen Hilfen nicht, die ohne Schuld noch nicht zur ausdrücklichen Anerkennung Gottes gelangt sind und nicht ohne die göttliche Gnade ein rechtes Leben zu führen sich bemühen" (*Lumen gentium*, Nr. 16). Was Rahners spezielle Auffassung von einem „anonymen" Christsein in quasi-sakramentaler Kirchenzugehörigkeit angeht, so hat das Konzil Rahners Anregungen nur modifiziert aufgenommen. „Darf man hoffen, daß die Kirche in ihrer Bedeutung für das Heil der Menschheit erscheint, die ihr in einer kirchensoziologischen Weise nicht angehört, daß sie also irgenwie als das Ursakrament und die geschichtlich greifbare Repräsentanz (als geschichtliche Präsenz Christi) der Zusage des Erbarmens und der Liebe Gottes an die Menschheit und ihre Geschichte überhaupt ausgesagt wird?" (1963a, 243) Man vergleiche etwa *Lumen gentium*,

Nr. 1: „Da aber die Kirche in Christus gleichsam Sakrament bzw. Zeichen und Werkzeug für die innigste Vereinigung mit Gott und für die Einheit des ganzen Menschengeschlechts ist [...]". Rahner selbst hat später den seit 1947 verwendeten Titel „Ursakrament" als Bezeichnung für die *Kirche* (ST 6, 307) modifiziert zugunsten von „Grundsakrament".

Alle Einzelüberlegungen in diesem Vortrag beziehen sich auf dogmatische Fragen. Der Richtungssinn weist aber darüber hinaus: „Wenn das Konzil wirklich ein pastorales Konzil wird, wenn es einen neuen Anfang bedeutet für eine entschlossene, mutige, offene und liebende Konfrontation mit der Welt, wie sie heute wirklich ist, dann kann dieses Konzil, auch wenn es dogmatisch scheinbar sehr wenig sagt, doch so etwas wie der Anfang einer neuen Periode in der Theologie werden, nämlich einer Theologie, die die eine, bleibende Wahrheit Gottes neu durchdenkt und neu formuliert in einer wirklich alle theologischen Ghettos verlassenden Auseinandersetzung mit dem Daseinsverständnis, das von heute ist, und darum, weil unser Schicksal auch die Situation ist, in der wir unseren Glauben und unser Heil wirken müssen" (1963a, 250). Das „wenn" ist geblieben. Gegenüber der oben zitierten Äußerung fällt aber auf, daß der skeptische Unterton einer – aus der tatsächlichen Situation von 1964 berechtigten – „vorsichtigen Zuversicht" gewichen ist.

Die schnellen Entwicklungen jener Jahre haben einige Aufsätze Rahners aus der Zeit des Konzils bald als überholt erscheinen lassen, so daß sie nicht in die Sammelbände seines Werks gelangten. Eine differenzierte Auswertung der verschiedenen Stellungnahmen Rahners zum Konzil – wie auch seiner Arbeit mit Kardinal König und in mehreren Konzilsgremien – bleibt ein Desiderat, dessen Einlösung nicht nur zur Rahner-Forschung, sondern auch zu einem angemesseneren historischen Verständnis des Konzils und seines gesamtkirchlichen Stellenwerts Wichtiges beitragen könnte.

Ganz direkt und bewußt hat Rahner auf das Konzil publizistisch Einfluß genommen über den 1962 – wiederum zusammen mit Herbert Vorgrimler – herausgegebenen Sammelband *Diaconia in Christo*. Die Wiedereinführung des Amts des Diakonats in der katholischen Kirche geht nicht zuletzt auf diesen Vorstoß zurück (der allerdings pastorale Möglichkeiten aufzeigte, die längst noch nicht ausgeschöpft sind). Die – in Rahners Briefen an Vorgrimler dokumentierte – Umsicht, wie Rahner hier bei der Frage vorging, welchen kirchlichen Würdenträgern das Buch gewidmet werden sollte, beweist, daß man von der „undiplomatischen" Art Rahners in eigenen Sachen durchaus nicht auf einen generellen Mangel an Fähigkeiten und Phantasie in diesem Genre schließen darf. An diesem Beispiel zeigt sich auch, wie sehr der Einfluß Rahners während des Konzils gewachsen war. Schon seit langem galt sein besonderes Interesse „pastoralen" Fragen – sofern man darunter den gesamten christlichen Lebensvollzug versteht, demgegenüber die Dogmatik nur eine dienende Funktion hat. Aber seine 1959 in dem Sammelband *Sendung und Gnade* veröffentlichten, für die Pastoraltheologie einschlägigen Arbeiten waren damals von konservativer Seite noch recht kritisch aufgenommen worden.

Besondere Beachtung verdient auch Rahners Beitrag zu einer nüchternen und sachlichen Rezeption der Konzilsdokumente. Ihm waren gewiß nicht die Polarisierungen entgangen, die sich schon während der letzten Konzilsphasen abzeichneten und bald danach verschärften. Umso mehr galt es, den wirklichen Ertrag authentisch darzustellen – ohne Euphorie und mit Vorsicht gegenüber einer Kritik, die aus allzu hochgespannten Erwartungen herrührte. Rahner ist der Herausgeber des dreibändigen maßgeblichen deutschen Kommentars zu den Konzilsdokumenten in den Zusatzbänden zum *Lexikon für Theologie und Kirche*. Mit Vorgrimler zusammen gab er unter dem Titel *Kleines Konzilskompendium* eine deutsche Handausgabe dieser Dokumente heraus und versah sie mit kommentierenden Einleitungen, die an Prägnanz ihresgleichen suchen. Noch heute gehört dieses Buch – 1994 bereits in seiner 26. Auflage – zur Standardausrüstung deutschsprachiger Theologiestudierender.

2. „Grundkurs des Glaubens"

Ein Teil der zuletzt genannten Arbeiten Rahners stammt bereits aus einem neuen „biographischen Umfeld". Die römische Zeit mit ihren vielen internationalen Kontakten führte endgültig zur weltweiten Reputation Rahners. Das war sicher einer der Gründe, daß er nun doch die Innsbrucker „Provinz" verlassen durfte, als man ihn 1964 nach München als Nachfolger Romano Guardinis auf die Professur für „katholische Weltanschauung" berief. Umso größer war das Erstaunen, als Rahner schon drei Jahre später – mit 63 Jahren! – München zugunsten einer Dogmatikprofessur in Münster wieder verließ, wo er schließlich 1971 emeritiert wurde.

Über den kurzen „Zwischenstop" in München wurde viel herumgerätselt. Rahner selbst hat betont, daß er an der Konstruktion des „Guardini-Lehrstuhls" selbst – und vor allem, daß dieser in der Philosophischen Fakultät verblieb – nichts auszusetzen hatte. Als Grund für sein Weggehen gab er an, daß man ihm keine ausreichenden Möglichkeiten geboten habe, seine Schüler in *Theologie* zu promovieren und zu habilitieren. Bei Promotionen und Habilitationen in dieser Fakultät hätte er nur beratend mitwirken können. Vermutlich spürte aber auch er selbst, daß er – einmal abgesehen von den weiter unten zu nennenden konkreten Schwierigkeiten seiner Vorlesungskonzeption – in München nicht ganz am richtigen Platz war. Im Rückblick nicht nur auf seinen Vorgänger, sondern mittlerweile auch auf zwei Nachfolger auf dem „Guardini-Lehrstuhl" wird man sagen dürfen, daß es Rahner etwas an jener urbanen Ästhetik und der dazu gehörigen Rhetorik mangelte, ohne die ein „Alemanne in Schwabing" nur mit Mühe überleben kann.

Auch während der Zeit in München und Münster setzte sich die Beanspruchung Rahners durch eine fast unüberschaubare Vielzahl von Vorträgen und Einzelaktivitäten fort. Sie trugen zunächst wohl maßgeblich dazu bei, daß die nachkonziliare Frontenbildung zwischen „progressiv" und „konservativ" bzw. „restaurativ" nicht jene Härte annahm, die nach dem

Tode Rahners dann zu einem der traurigsten Charasterika der „katholischen Welt" wurde. Im Hinblick auf sein eigenes Werk (im engeren Sinne von „oeuvre") kommt allerdings den Versuchen eine ungleich größere Bedeutung zu, seine Theologie noch einmal synthetisch zusammenzufassen.

Auch dies vollzog sich jedoch – seinem Arbeitsstil entsprechend – im Blick auf die Anforderungen der kirchlichen Situation, die Rahner wie wohl kaum ein anderer Theologe unseres Jahrhunderts mit äußerster Sensibilität und zugleich realistischer Nüchternheit wahrgenommen hat.

Schon während seines Engagements in den Konzilsgremien stellte sich ihm die Frage, ob nicht im Gegenzug zu all den nötigen Differenzierungen, die Theologie im Horizont und unter Beteiligung der „Weltkirche" mit sich bringt, auch die Bewegung zu einer Konzentration auf einen „Kurzen Inbegriff" des christlichen Glaubens gefordert war. Hier geht es nicht um eine Neuauflage der vielen Bemühungen, „Das Wesen des Christentums" als „Kern" aus einem Ballast von „Akzidentien" herauszuschälen, sondern um eine Arbeit, die es den zur rationalen Verantwortung ihres Glaubens fähigen und gewillten Christinnen und Christen erleichtert, die existentielle Bedeutung dieses Glaubens auf einer ersten Reflexionsebene – vor aller Spezialisierung in theologisch-philosophischen Einzeldisziplinen – nachzuvollziehen. Im engen Zusammenhang mit der Suche nach einem solchen „Inbegriff" – später „Kurzformel" des Glaubens genannt (ST 8, 153–164) – stehen Rahners Vorlesungen zur „Einführung in den Begriff des Christentums" in München und Münster, aus denen dann 1976 der „Grundkurs des Glaubens" erwuchs, die wohl beste Zusammenfassung der Hauptlinien Rahnerscher Theologie. Durch einen Versuch zu solchen „Kurzformeln des Glaubens" wird das Buch in einem „Kleinen Epilog" abgeschlossen. Vielleicht darf man die folgende Formulierung – von der Frage nach der anthropologischen Vermittlung des Glaubens her – als die dichteste herausgreifen: „Der Mensch kommt nur wirklich in echtem Selbstvollzug zu sich, wenn er sich radikal an den anderen wegwagt. Tut er dies, ergreift er (unthematisch oder explizit) das, was mit Gott als Horizont, Garant und Radikalität solcher Liebe gemeint ist, der sich in Selbstmitteilung (existenziell und geschichtlich) zum Raum der Möglichkeit solcher Liebe macht. Diese Liebe ist intim und gesellschaftlich gemeint und ist in der radikalen Einheit dieser beiden Momente Grund und Wesen der Kirche" (1976, 437).

Die zitierte Formel kann man zugleich als die kürzeste Zusammenfassung dessen betrachten, was Rahner in seinem „Grundkurs des Glaubens" entfaltet hat. Bevor wir näher auf dieses Buch eingehen, muß zunächst aber ein Blick auf den Kontext der wissenschaftstheoretischen Überlegungen geworfen werden, ohne den es kaum angemessen eingeordnet werden kann.

1970 hatte der protestantische Theologe Gerhard Ebeling in seinen „Erwägungen zu einer evangelischen Fundamentaltheologie" drei Postulate für einen theologischen „Integrationskurs" aufgestellt: 1. Integration theologischer Arbeit in die Sache der Theologie, 2. Konzentration des Christlichen auf den Grund des Glaubens, 3. Lokalisierung des Glaubens im natürlichen Leben. Zum ersten Postulat bemerkte Ebeling: „Es wird nachgerade zum Ärgernis, daß die Spezialisierung und Multiplizierung theologischer Arbeit die Theologie selbst zum Verschwinden zu bringen droht. Der Horizont, innerhalb dessen ein wissenschaftlich arbeitender Theologe sich auskennen kann, wird immer enger; sein Mitspracherecht und seine Urteilsfähigkeit in Fragen, die nicht unmittelbar zu seinem Fachbereich gehören, werden in beängstigendem Maße fraglich" (521).

Ebeling bezog sich innerhalb dieser Überlegungen auf die Vorschläge zu einem „Grundkurs", die Karl Rahner unter dem Titel „Zur Neuordnung der theologischen Studien" 1968 in den *Stimmen der Zeit* unterbreitet hatte und die dann in die „Quaestio disputata" *Zur Reform des Theologiestudiums* aufgenommen und im Hinblick auf die konkrete Gestaltung eines solchen „Grundkurses" präzisiert wurden (1969, 13–96). Im Vorwort zu der „Quaestio" stellt Rahner fest, daß in Österreich zwar schon ein „Theologischer Grundkurs" als pflichtmäßige Disziplin eingeführt sei, die bischöfliche Neuordnung des theologischen Studiums in Deutschland wie auch das neueste römische Dekret der Studienkongregation von 1968 so etwas aber noch nicht vorsähen (1969, 7f.) – obwohl doch schon auf dem Konzil in dem Dekret über die Ausbildung der Priester (*Optatam totius,* Nr. 14) ein Einführungskurs in das „Mysterium Christi" gefordert worden war. Nicht zuletzt den Bemühungen Rahners ist es zu danken, daß seit 1978 die von den Deutschen Bischöfen erlassenen „Rahmenordnung(en) für die Priesterbildung", an denen sich das gesamte Theologiestudium an den deutschen Hochschulen weitgehend orientiert, für den Beginn des Studiums einen solchen „Theologischen Grundkurs" vorschreiben und dabei ausdrücklich betonen, daß es hierbei um eine Einführung in die Theologie in ihrer Einheit geht, nicht in Methodik und Technik des wissenschaftlichen Arbeitens.

Die Bedeutung dieses Grundkurses ist inzwischen (trotz pluraler Auffassungen hinsichtlich seiner genaueren Thematik) unumstritten. Je mehr zur Theologie wirklich motivierte Studierende mit verschwindend geringen Vorkenntnissen an die Universität kommen, wird es unverantwortlich, sie auf die unüberschaubare Differenziertheit der Disziplinen „aufprallen" zu lassen. Aber auch „auf der anderen Seite" tritt ja immer deutlicher ein Phänomen zutage, das Rahner ähnlich wie Ebeling – wenn auch in etwas derberer Art – charakterisiert hat: „Heute weiß man unendlich viel und darum wird (so paradox das scheinen mag) der einzelne, auch der sehr gebildete und gelehrte einzelne, komparativ zu dem heute grundsätzlich aktuell verfügbaren Wissen immer dümmer [...]. Es gibt immer mehr Experten für unzählige Fragen theoretischer und praktischer Art, die jeweils den anderen so gegenübertreten wie in früheren Zeiten die Obrigkeiten und die Gelehrten dem dummen Volk, aber diese Experten verstehen sich untereinander selber nur sehr schwer oder gar nicht und bilden so einen völlig dissonanten Chor von Stimmen, die den anderen ihre Erkenntnisse und Lebensmaximen beibringen wollen" (1983, 38f.). In einem – offen und ehrlich – durchgeführten „Theologischen Grundkurs" erfahren „immer dümmere Studierende", daß auch die sie Lehrenden „immer dümmer" werden im Hinblick auf das Ganze der Theologie, auf das sie unausweichlich vorgreifen, wenn sie ihre Sache gut machen. Das ist eine wissenssoziologisch ganz neue Situation, die, recht genutzt, die Chance zu einem sonst im universitären Kontext kaum noch möglichen menschlicheren Umgang von Studierenden und Lehrenden mit der für alle Beteiligten verbindlichen Sache bietet.

Der von Rahner gelesene „Grundkurs" war zwar als fundamentale Überlegung für Anfänger und auch zur Selbstbesinnung gebildeter Gläubiger gedacht. Und doch muß Rahner gestehen: „Meine Vorlesungen gelten als zu schwer. Mein Gott, was soll ich machen. [...] wenn ich es noch billiger machen würde, wäre es auch nichts" (1986a, 219). Seinem Freund Kardinal Volk gegenüber hat er grimmig-humorvoll von dem „fortlaufenden Erfolg" seiner Vorlesungen erzählt. Was die Veröffentlichung dieser Vorlesungen von München und Münster angeht, so hatte Rahner zeitweilig an ein Gemeinschaftsprojekt mit seinem damaligen Assistenten Karl Lehmann gedacht. Das Projekt erwies sich wie auch andere Versuche als unrealisierbar. Seiner Dankbarkeit an diejenigen, die in mühseliger Arbeit schließlich dennoch eine Publikation ermöglicht haben, hat Rahner zu Ende seines Vorworts Ausdruck verliehen.

Der „Grundkurs des Glaubens" soll, wie der Untertitel richtig hervorhebt, eine „Einführung in den Begriff des Christentums" sein. Er will keine historische Arbeit und erst recht keinen Katechismus ersetzen, auch nicht als „mystagogisch" im Sinne einer existentiellen Appellation verstanden werden. Systematische Theologie auf einer „ersten Reflexionsstufe", d. h.: vor dem Durchgang durch die verzweigten Einzelfragen der Forschung geht es um eine intellektuell verantwortete Rechtfertigung des Glaubens und rational vertretbare erste Synthese. Von der einen Seite her muß in transzendentaler Methode die strukturelle Hingeordnetheit des Menschen auf die Selbstmitteilung Gottes in der Geschichte aufgewiesen werden. Auf der anderen Seite geht es um eine hermeneutische

Vermittlung der verbindlichen Glaubenssubstanz im Horizont der Fragen, die den Menschen zum „Hörer des Wortes" machen.

Das Werk ist in neun „Gängen" aufgebaut. Dem „menschlichen Apriori" sind die ersten vier Gänge gewidmet: Der Mensch erweist sich als ein Hörer der Botschaft" (1), der immer schon vor dem „absoluten Geheimnis" steht (2), radikal von Schuld bedroht ist (3), als solcher aber „das Ereignis der freien, vergebenden Selbstmitteilung Gottes" erfahren kann (4). Der Mittelteil entfaltet in zwei Gängen die „Heils- und Offenbarungsgeschichte" allgemein (5) und ihren unüberbietbaren Höhepunkt in Jesus Christus (6). Die letzten drei Gänge handeln von der Vermittlung dieser Offenbarung durch die Kirche (7), vom christlichen Leben und den Sakramenten als den Knotenpunkten christlicher Existenz (8) und – relativ kurz – von der Eschatologie (9). An den etwas unterproportionierten (obschon für die Buchausgabe aufgrund anderer Schriften Rahners ergänzten) letzten „Gängen" zeigt sich noch deutlich die Herkunft aus Vorlesungen (mit deren chronischem Zeitmangel am Semesterende). Daß – wie von manchen Kritikern hervorgehoben – Schrift und Tradition schwach repräsentiert erscheinen, entspricht aber der Konzeption einer „ersten Reflexionsstufe". Vor der Auseinandersetzung mit den grundlegenden einzelwissenschaftlichen Methodenfragen historischer Interpretation „Beweise" aus Schrift und Tradition vorzulegen, ist kaum ohne einen Rückfall in deren fundamentalistische Behandlung möglich. Es braucht wohl nicht mehr eigens betont zu werden, daß sich Rahner immer wieder als historischer Einzelarbeit durchaus mächtig erwiesen hat.

Ein ausführlicher Überblick über die Einzelerörterungen würde den Rahmen dieses Buchs sprengen. Vielleicht sollten aber doch einige Leitlinien nachgezeichnet werden, die zum einen beweisen, wie sehr – trotz des Übergangs von einer transzendentalen Philosophie zur transzendentalen Theologie im Werke Rahners – sich seine Grundkonzeption anthropologischer Vermittlung christlichen Glaubens durchgehalten hat, und zum anderen, welche Bereicherung diese Anthropologie durch die Vertiefung theologischer Arbeit, vor allem in der langen Innsbrucker Zeit, erfuhr.

Grundlegend für das ganze Buch ist Rahners Deutung fundamentaler menschlicher Erfahrungen: der Selbstvollzug des Menschen in Freiheit bleibt der Ausgangspunkt. Dieser „selbstverständliche" Ansatz erweist sich bei näherer Betrachtung allerdings als höchst komplex: „Der Mensch ist der Unableitbare, nicht aus anderen verfügbaren Elementen adäquat Herstellbare; er ist derjenige, der sich selbst immer schon überantwortet ist. Wenn er sich nun erklärt, auseinanderlegt, sich in die Pluralität seiner Herkünfte zurückstößt, setzt er sich noch einmal als das Subjekt, das dieses tut und in diesem Tun sich als das unaufhebbar Frühere und Ursprünglichere erfährt" (1976, 42).

Im nächsten Schritt führt Rahner über den Gedanken der vorgreifenden Struktur des Erkenntnisvollzugs, den wir schon aus *Geist in Welt* kennen, den Begriff der Transzendenz ein. Im Hinausgreifen über alles Vorfindliche, Kategoriale – wodurch ja erst die Erfahrung dieses Kategorialen möglich wird – ist für Rahner unabweislich eine Transzendenzerfahrung gegeben. Sie kann zwar verschieden gedeutet, anonym vollzogen und auch verstellt werden (1976, 43f.), ist aber ohne Selbstwiderspruch nicht wegzuleugnen. In dieser Würde des Transzendierens erfährt der Mensch freilich gleichzeitig auch seine Grenze; er ist nicht „absolutes" Subjekt: „[...] diese eigentliche Transzendenz wird durch die metaphysische Reflexion nie eingeholt und kann als reine, d.h. als gegenständlich nicht vermittelte höchstens (wenn überhaupt) in der Erfahrung der Mystik und vielleicht in der letzten Einsamkeit und Todesbereitschaft in asymptotischer Annäherung gegeben sein". Deswegen wird die ursprüngliche Transzendenzerfahrung auch leicht übersehen. „Aber der Mensch ist und bleibt das Wesen der Transzendenz, d. h. jenes Seiende, dem sich die unverfügbare und schweigende Unendlichkeit der Wirklichkeit als Geheimnis dauernd zuschickt. Dadurch wird der Mensch zur reinen Offenheit für dieses Geheimnis gemacht und gerade so als Person und Subjekt vor sich selbst gebracht" (1976, 45 ff.).

Über den Gedanken der „personalen Daseinsfrage als Heilsfrage" leitet Rahner dann zum zweiten Gang, „Der Mensch vor dem absoluten Geheimnis", über. Er beginnt mit einer „Meditation über das Wort ‚Gott'", die Rahner 1968 für ein Funkkolleg verfaßt hatte. Was wäre, wenn das Wort „Gott" aus unserer Sprache verschwände? „Der Mensch hätte das Ganze und seinen Grund vergessen, und zugleich vergessen – wenn man das noch so sagen könnte –, daß er vergessen hat. Was wäre dann? Wir können nur sagen: Er würde aufhören, ein Mensch zu sein. Er hätte sich zurückgekreuzt zum findigen Tier. Wir können heute nicht mehr so leicht sagen, daß dort schon Mensch ist, wo ein Lebewesen dieser Erde aufrecht geht, Feuer macht und einen Stein zum Faustkeil bearbeitet. Wir können nur sagen, daß dann ein Mensch ist, wenn dieses Lebewesen denkend, worthaft und in Freiheit das Ganze von Welt und Dasein vor sich und in die Frage bringt, mag er auch dabei vor dieser einen und totalen Frage ratlos verstummen. So wäre es ja vielleicht – wer vermag das genau zu wissen – auch denkbar, daß die Menschheit in einem kollektiven Tod bei biologischem und technisch-rationalem Fortbestand stirbt und sich zurückverwandelt in einen Termitenstaat unerhört findiger Tiere" (1976, 58).

Der Übergang zur Frage der Gotteserkenntnis ist im Grunde nur eine Entfaltung der Erfahrung von Transzendenz, wie sie schon im ersten Gang in den Blick kam: „Das Woraufhin der Transzendenz ist [...] immer ursprünglich ein Wovonher des sich zuschickenden Geheimnisses. Dieses Woraufhin eröffnet selber unsere Transzendenz; sie wird nicht von uns als einem absoluten Subjekt selbstherrlich gesetzt. Geht also liebend freie Transzendenz auf ein Woraufhin, das selber diese Transzendenz eröffnet, dann können wir sagen, daß das unverfügbare, namenlose, absolut Verfügende selber in liebender Freiheit waltet, und ebendies ist es, was wir meinen, wenn wir ‚heiliges Geheimnis' sagen" (1976, 74).

Wenn Rahner in einer seiner letzten Reden 1984 rückblickend auf seine Theologie gesagt hat, daß in seiner Theologie „in einer sicher problematischen Weise das Thema der

Sünde und der Sündenvergebung gegenüber dem Thema der Selbstmitteilung Gottes ein wenig im Hintergrund" stehe (1984, 112f.), so ist das angesichts von 500 Seiten zur Bußgeschichte (ST 11) recht verwunderlich. Im „Grundkurs" werden diese Fragen zwar knapp, aber doch grundlegend im dritten Gang behandelt. Rahner sieht deutlich, wie sehr diese Fragen heute verstellt sind – etwa durch reduktionistische Interpretationen psychologischer oder soziologischer Art. Er setzt wiederum bei der Erfahrung des freien, verantwortlichen Selbstvollzugs an, der nicht nur die Kategorialität seiner Vollzüge, sondern auch den Horizont seines Transzendierens selbst zum Gegenstand seiner Entscheidungen machen kann. Damit besteht die „Möglichkeit, in dem freien, wesenswidrigen Umgang mit der kategorialen Erfahrungswirklichkeit, die innerhalb des Raumes der Transzendenz steht, gegen das letzte Woraufhin dieser Transzendenz selber zu verstoßen" (106) und somit ein wirkliches „Nein zu Gott" zu sagen, das man nicht als Ergebnis einer Addition von Einzelverfehlungen verstehen darf (108).

„Ja" und „Nein" zu Gott sind allerdings nicht als gleichmächtige Taten der Freiheit anzusehen. Auch das schroffeste „Nein" bleibt von der transzendental unausweichlichen positiven Beziehung zum absoluten Geheimnis unterfangen und könnte sonst gar nicht sein. „Ein solches Nein kann den Schein an sich tragen, als ob nur durch eben dieses Nein das Subjekt sich wirklich radikal behaupte. [...] Aber ein solches Nein, sosehr es den Schein einer absoluten Tat haben kann, [...] ist deshalb doch nicht gleichberechtigt und gleich mächtig neben dem Ja zu Gott, weil alles Nein jenes Leben, das es hat, immer dem Ja entlehnt" (109).

Die anthropologischen Hinführungen zum Problem von Sünde und Schuld in diesem dritten Gang sollten nicht von dem losgelöst werden, was Rahner dann im Zusammenhang seiner Sicht der „letzten Dinge" dazu gesagt hat. Und dabei ist im Hinblick auf den „Grundkurs" zu berücksichtigen, wie fragmentarisch dieser „eschatologische" Teil geblieben ist. Man muß auf frühere, ausführlichere Behandlungen der komplexen Thematik zurückgreifen – etwa auf den in IV.3 zitierten Zusammenhang. Aber auch aus dem „Grundkurs" geht deutlich genug hervor, wie sehr Rahner ein Theologe des „Triumphs der Gnade" ist – wie man einmal von Karl Barth gesagt hat. In *dieser* Hinsicht ist die oben zitierte Selbsteinschätzung Rahners hinsichtlich einer Unterbetonung des Themas von Sünde und Sündenvergebung (zumindest in dessen traditionellem Verständnis) sicher berechtigt.

Im vierten Gang werden die in den 40er und 50er Jahren erarbeiteten Klärungen der Gnadentheologie wieder aufgenommen und wird vor allem ein dichter Abriß der *Trinitätslehre* geboten, auf die wir bisher noch nicht eingegangen sind. Schon 1939 war Rahner in seinem Aufsatz zur Begrifflichkeit der ungeschaffenen Gnade auf grundlegende Fragen zum „einen und dreifaltigen Gott" eingegangen. Weitere Präzisierungen seines Ansatzes finden sich an vielen Stellen in der darauffolgenden Zeit.

Rahner wendet sich zum einen gegen den (vom scholastischen Traktat „De Deo uno et trino" her nur zu verständlichen) Eindruck, es ginge hier um eine merkwürdige Mathematik des Übernatürlichen im Sinne von Unvernünftigen, ohne Bezug zum gelebten Leben. Zum anderen (und damit eng zusammenhängend) bemüht er sich um eine Überwindung der Kluft zwischen „immanenter" und „ökonomischer" Trinität. Gottes „Immanenz" (sein inneres dreifaltiges Leben) kann zwar nur aus seiner „Ökonomie", seinem Erscheinen in Zeit und Geschichte erschlossen werden. In diesem Sinn steht sie „hinter" dem, was uns aus der Offenbarung zugänglich ist. Dennoch ist die heilsgeschichtliche, ökonomische Trinität alles andere als ein numinoses Schauspiel, hinter dem sich ein unzugänglich-mysteriöses göttliches Wesen verbirgt. *In der Geschichte* findet eine wirkliche Begegnung Gottes, wie er *in sich selbst ist*, mit dem Menschen statt. „In der Heilsgeschichte kollektiver und individueller Art erscheinen in Unmittelbarkeit zu uns nicht irgendwelche gottvertretenden numinosen Mächte, sondern es erscheint und ist in Wahrheit der eine Gott selbst gegeben [...]. Insofern er als das uns vergöttlichende

Heil in der innersten Mitte des Daseins eines einzelnen Menschen angekommen ist, nennen wir ihn wirklich und in Wahrheit [...] ‚Heiligen Geist'. Insofern eben dieser eine und selbe Gott in der konkreten Geschichtlichkeit unseres Daseins streng als er selber für uns in Jesus Christus da ist – er selber und nicht in Vertretung – nennen wir ihn ‚Logos' oder den Sohn schlechthin. Insofern eben dieser Gott, der als Geist und Logos so bei uns ankommt, immer der Unsagbare, das heilige Geheimnis, der unumfaßbare Grund und Ursprung seines Ankommens in Sohn und Geist ist und sich als solcher behält, nennen wir ihn den einen Gott, den Vater" (1976, 141).

Auf die ungelösten Probleme, die auch dieser Versuch, den einen Gott in seiner Dreifaltigkeit zu verstehen, aufwirft, können wir hier nicht eingehen. Aus demselben Grund übergehen wir den fünften Gang, in dem die von vielen Seiten kritisch hinterfragte Theorie Rahners vom Verhältnis zwischen „transzendentaler und kategorialer Offenbarung(sgeschichte)" noch einmal kurz entfaltet wird. Was hier formal entwickelt ist, findet sich material dann im sechsten Gang, „Jesus Christus", ausgeführt.

Dieser christologische Teil ist in der Buchfassung gegenüber den Vorlesungen intensiv umgearbeitet worden. In der Zwischenzeit hatte Rahner eine Gemeinschaftsvorlesung zu diesem Thema mit dem Exegeten W. Thüsing gehalten (1972). Rahners Anteil wurde voll in den „Grundkurs" übernommen. Aus der früheren Zeit wurde u.a. ein Vortrag über die Christologie im Rahmen einer evolutiven Weltanschauung aufgenommen, der aus dem Dialog Rahners mit den Naturwissenschaften in den 50er und 60er Jahren stammt. Wir übergehen (hier wie in unserer Gesamtdarstellung überhaupt) diese äußerst komplexe Thematik, die ohne nähere Ausführungen zum Einfluß von Teilhard de Chardin auf das Rahnersche Denken wie zu der methodisch schwierigen Frage, wie naturwissenschaftliche bzw. -philosophische Ergebnisse in die Theologie (und Philosophie) transponierbar sind, kaum adäquat angerissen werden kann. Insgesamt finden sich im christologischen Gang des „Grundkurses" Einzeltexte aus einem Zeitraum von mehr als

20 Jahren. Angesichts der Konstanz des Rahnerschen Denkens erscheint eine solche Komposition gerechtfertigt, wenn auch Brüche und unvermittelte Übergänge in der Darstellung nicht ganz vermeidbar waren.

Die zentralen Gedanken Rahners zur Menschwerdung Gottes wurden bereits kurz referiert (vgl. IV.6): Sosehr es sich dabei um eine „Christologie von oben" handelt, wird sie doch zunächst über die Frage nach der Menschwerdung *des Menschen* angegangen. Aus den vielfältigen Zugängen zur Christologie sollten wir vieleicht in unserem Zusammenhang jenen herausgreifen, den Rahner als „suchende Christologie" bezeichnet hat.

Sofern menschliches Dasein sich selbst entschlossen annimmt, ist immer schon (wenn auch oft anonym) die Dimension angezielt und ggf. auch erreicht, die das christologische Dogma ausdrücken will. Rahner sucht dies nun an drei Punkten zu verdeutlichen: der Nächstenliebe, der Bereitschaft zum Tode und der Hoffnung auf Zukunft. Wir beschränken uns hier auf den ersten Aspekt.

„Amen, ich sage euch: Was ihr für einen meiner geringsten Brüder getan habt, das habt ihr mir getan". An dieser Stelle aus dem Matthäusevangelium (25,40) findet Rahner ausgedrückt, daß *jede* wahrhafte Tat der Nächstenliebe eine christologische Implikation hat, „daß eine absolute Liebe, die sich radikal und vorbehaltlos auf einen Menschen einläßt, implizit Christus glaubend und liebend bejaht" (1976, 289). Der springende Punkt ist das Moment der „Absolutheit" in dieser Liebe. Als endlicher und immer unzuverlässiger Mensch kann niemand ein unbedingtes Engagement an ihn als sinnvoll rechtfertigen, „für sich allein könnte er nur mit Vorbehalt geliebt werden in einer ‚Liebe', in der der Liebende sich selbst reserviert oder sich an das möglicherweise Sinnleere absolut wagt" (289).

Gewiß, man könnte rein spekulativ und abstrakt einen solchen Akt der „Nächstenliebe" unter Berufung auf Gott als Garanten und Grenze der Absolutheit solcher Liebe begründen wollen. „Aber die Liebe, deren Absolutheit erfahren wird [...], will mehr als nur eine ihr transzendent bleibende göttliche ‚Garantie': Sie will eine Einheit von Gottes- und Nächstenliebe, in der die Nächstenliebe [...] Gottesliebe und so erst ganz absolut ist" – auch wenn diese „theologische Implikation" der rein menschlich intendierten Liebe unentfaltet bleibt und vielleicht erst „im Anblick ihrer radikalen Einheit mit der Liebe Gottes durch Jesus Christus ganz zu sich selber kommt" (289). Hier begegnet uns Rahners anthropologische Vermittlung von Christologie einmal „ganz unphilosophisch" – oder handelt es sich nicht doch um einen Gedanken, der allen Menschen von ihrer „natürlichen Grundausstattung her" zugänglich ist? Gerade eine solche inhaltlich dichte Konkretion führt uns auf die offene Frage zurück, wie man jenes „Existential" des Horchenkönnens auf das fleischgewordene Gotteswort näher zu charakterisieren hat (vgl. IV.5).

Wir brechen hier unsere (notwendig fragmentarischen) Bemerkungen zum „Grundkurs" ab. Das Thema „Kirche" wird uns noch in neuer Zuspitzung im Kontext der letzten Arbeiten Rahners begegnen.

VI. Das Spätwerk

Gliederungen haben immer etwas Künstliches, wenn sie eine lebendige Wirklichkeit „einteilen" wollen. Von einem „Spätwerk" im klassischen Sinne (Fichte, Schelling, Blondel...) kann man bei Rahner sicher nicht reden. Andererseits geht es in diesem Kapitel doch um mehr als um einen Blick auf eine Anzahl von „späten Schriften" – eine beträchtliche Anzahl, wie die Statistik zeigt. Rahners Bibliographie (einschließlich der Übersetzungen) umfaßte zu Konzilsbeginn etwa 800 Nummern; bei seiner Emeritierung (1971) war die Zahl auf rund 2500, bei seinem Tod (1984) auf rund 4000 gestiegen.

Liest man die Texte der späten Zeit, so zeigen sich manche Unterschiede zu den früheren Phasen. Rein äußerlich sind die Schwierigkeiten der Lektüre erheblich geringer. Der verklausulierte Stil – in zahllosen Klammern werden alle Einwände nach Möglichkeit vorweggenommen – weicht einer wesentlich ungeschützteren Sprechweise. Die wesentlichen Strukturen dieser Theologie sind gefestigt. Grundlegende Reflexionen, wie sie noch in der Münsteraner Zeit zu finden sind (etwa zur Frage der intersubjektiven Heilsvermittlung oder zu einer Christologie „von unten"), treten hinter die Bemühung um eine bessere Vermittlung an die jeweiligen Adressaten zurück. Mit dem II. Vatikanum ist die Zeit der Reglementierungen und Verdächtigungen zwar nicht endgültig vorbei. Aber Rahner genießt weltweit ein solches Ansehen, daß man ihn „von oben" nur noch unter der Gefahr, sich der Lächerlichkeit preiszugeben, einer strengen Überwachung hätte unterziehen können. Zunächst – man denke etwa an seine ausgewogene Haltung in der „Affäre Küng" – gilt er auch durchaus noch als ein „Mann der Mitte".

Aber der Wandel der Theologie und das wachsende „Reizklima" zwischen den sich bildenden Fronten ließen auch einen nüchternen Denker wie Rahner nicht unberührt. In

„nächster Nähe" wurde Rahner von der Entwicklung seines Schülers Johann Baptist Metz betroffen. Er galt lange Zeit als „Weiterdenker" Rahnerscher Theologie. Rahner hatte ihm die Überarbeitung seiner grundlegenden philosophischen Werke *Geist in Welt* und *Hörer des Wortes* anvertraut. Metz selbst hatte im *Lexikon für Theologie und Kirche* und in einigen weiteren Aufsätzen gezeigt, wie sehr er einer Entfaltung von Grundlinien Rahnerschen Denkens fähig war. Seine Abkehr von wesentlichen methodischen wie inhaltlichen Momenten der „transzendentalen Theologie" Rahners bei der Grundlegung einer „Politischen Theologie" stellte die Freundschaft zu seinem Lehrer auf eine harte Probe. Es gehört zur Größe Rahners, daß er selbst nun zum Lernenden wurde und Themenstellungen der Politischen Theologie wie der Theologie der Befreiung in den Horizont seiner Überlegungen aufnahm.

Vielleicht hat gerade diese Erfahrung im Herzen seiner Theologie Rahners Überzeugung von der Unmöglichkeit integraler Spekulation verschärft. Seine Äußerungen zum Begriff „Pluralismus" – zunächst positiv aus der Einzigartigkeit jedes der vielen Bilder Gottes hergeleitet – nehmen teilweise einen skeptischen Ton an im Blick auf die Möglichkeit, der unüberschaubaren Vielfalt von philosophischen und humanwissenschaftlichen Ansätzen eine auf universal gültige Kriterien zielende Grundlagenreflexion als Orientierungsbasis an die Seite zu stellen – etwa im Sinne seiner frühen Arbeiten in der Nachfolge Maréchals (vgl. Raffelt 1996).

Die Synode der Bistümer in der Bundesrepublik Deutschland, nach längerer Vorbereitungszeit 1972 in Würzburg abgehalten, war um eine adäquate regionale Rezeption der Konzilsbeschlüsse bemüht. Sie eröffnete ein wichtiges Feld für eine kirchliche Begegnung, in der das „klerikale Element" erstmals, wenn auch zögerlich, durch die sorgfältige Mitarbeit von Laien in gewisser Weise relativiert wurde. Schrittweise, bescheiden, unspektakulär und selbst angesichts der Beratungen und zurückhaltenden Beschlüsse im Vollzug unzureichend, vermochte die Synode doch manche Dinge im kirchlichen Raum weiterzubewegen. Rahner war präsent und hat Kontroversen nicht gescheut, dabei seine anerkannte Autorität in der Konfrontation mit allzu Zaghaften nutzend.

Aber nicht nur bei diesem Anlaß ließ er nun mehr und mehr durchblicken, daß die durch das Konzil gedeckten Reformbemühungen zu wenig radikal betrieben wurden. Er scheut nicht vor „kantigen" Äußerungen zurück, selbst nicht bei Festakten, wo er manches Tabu der Vornehmheit durchbricht. Der Gestus des „zornigen alten Mannes" wird geradezu zu einem seiner Charakteristika in dieser späten Phase. Karl Lehmann: „Man kann nicht verschweigen, daß K. Rahner in den letzten Jahren manche Freunde verloren hat. Neue hat er freilich auch hinzugewonnen. Sicher darf man über die eine oder andere Äußerung verschiedener Meinung sein [...]. Manches ist Ausdruck einer gewissen Resignation, einer dezidierten Schärfe oder einer gewollten Einseitigkeit, ‚weil sonst doch nicht hingehört wird' [...]. Eines ist jedoch sicher: Die energischen Zwischenrufe und Klagen über eine erneute Unbußfertigkeit des Kirchensystems kommen aus einem verwundeten Herzen [...]. K. Rahner greift oft bewußt zum Mittel beinahe utopischer Überblendung, weil er die Kraft christlicher Verheißung gegen alle Defätismen am Leben halten will" (Lehmann 1979, 21*).

Greifen wir zwei Werke aus dieser Zeit heraus, in denen die nachdrücklichen Mahnungen Rahners zu mutigeren Schritten der im Pilgerstand befindlichen Kirche besonders greifbar werden, zunächst die Taschenbuch-Originalpublikation *Strukturwandel der Kirche als Aufgabe und Chance* (1972a). Rahner ist besorgt, daß sich die kirchlichen Aktivitäten zu schnell in Einzelfragen zersplittern. Vor der Ausarbeitung von Einzelthemen ist eine Reflexion auf Grundsatzfragen erforderlich. Es geht in dieser Schrift eigentlich wieder um eine Grundlegung der Pastoraltheologie, in Neuaufnahme von Gedanken, die rund zehn Jahre zuvor im *Handbuch der Pastoraltheologie* (jetzt SW 19) geäußert worden waren.

Aber das Klima hat sich verändert. Die Schrift ist „utopischer". Die Analysen sind härter. Rahner geht von der Diasporasituation im Weltmaßstab aus und den sich von daher ergebenden Anforderungen an ein gesellschaftlich fest verankertes Traditionschristentum, das nur noch als Restbestand existiert. Es gilt von einer defensiven Haltung der (sich durch Bibelzitate geschützt glaubenden) „kleinen Herde" loszukommen, die neue Situation klar zu erkennen und eine dieser entsprechende „missionarische" Initiative zu ergreifen. Bei der Suche nach einem tüchtigen Pfarrer oder Bischof etwa „müßte man nicht so sehr fragen, ob der Kandidat sich sehr reibungslos in den herkömmlichen Betrieb der Kirche eingefügt hat [...]. Der beste Missionar in einer nichtchristlichen Diasporasituation wäre der beste Kandidat für ein kirchliches Amt" (1972a, 36). Auch hier noch sucht Rahner zunächst die Grundstrukturen der Kirche – bis hin zu ihrer „römischen" Prägung – positiv-erläuternd in ihrem Kerngehalt zu deuten und zu rechtfertigen, um dann allerdings eine Kirchenstruktur anzuregen, die Abschied nimmt von einer bürgerlich (oder gar noch feudal) angepaßten Lebensweise.

Schon in dem genannten Beitrag von 1972 hatte Rahner angemerkt: „Bisher hat man [...] die Unionsfrage an ihrer theologischen und bekenntnismäßigen Seite anzupacken versucht und die institutionelle Einigung als bloße Konsequenz aus dieser Bereinigung kontroverstheologischer Fragen angesehen. Kann man nicht vielleicht auch umgekehrt vorgehen? Kann man nicht die volle glaubensmäßige und theologische Einheit als eine Folge einer institutionellen Einigung betrachten, zumal eine solche ja nicht eine institutionelle Uniformität im Sinne des bisherigen CIC von dogmatischen Gründen her bedeuten müßte?" (1972a, 112). Auf der Linie dieser Frage verfaßt Rahner nun 1983 – wenige Monate vor seinem Tod – zusammen mit dem Fundamentaltheologen Heinrich Fries die „Quaestio disputata" *Einigung der Kirchen – reale Möglichkeit*. Das Buch rief weltweit große Aufmerksamkeit hervor. 1984 befaßte sich eine Konferenz der Bischöfe der evangelisch-lutherischen Kirche in Deutschland damit, 1985 fand in Chicago ein vom Lutheran Council in the U.S.A. veranstaltetes Symposion darüber statt. Auf evangelischer wie katholischer Seite stieß es auf begeisterte Aufnahme wie auch schärfste Ablehnung, worauf

H. Fries in einer Neuausgabe des Buchs 1985 ausführlich eingegangen ist.

Eine Diskussion dieses „Notschrei[s] von Christen, die den Eindruck haben, es gehe in dieser Sache nicht weiter" (1985, 13), kann hier nicht geboten werden. Wir möchten nur einen Punkt herausheben, der allzu plastisch vor Augen führt, wie sehr sich das innerkirchliche Klima im Katholizismus inzwischen, in nicht ganz zwei Jahrzehnten nach dem Konzil, gewandelt hatte. Im Anschluß an die oben (V.2) zitierte Passage über die (im Hinblick auf das Gesamt der Theologie) immer dümmer werdenden Fachgelehrten bemerkt Rahner: „Natürlich gibt es immer noch in der Theologie Leute, die so etwas wie die Funktion eines theologischen Universalgelehrten anstreben und vielleicht sogar anstreben müssen, wenn sie z.B. zu den wenigen gehören, die in der römischen Glaubenskongregation über die Rechtgläubigkeit anderer Theologen zu wachen und zu befinden haben" (1985, 40). Dieser Satz war im Hinblick auf die von Rahner sonst stets mit großer Sorgfalt dargestellte Sache des kirchlichen Lehramts sicher eine Entgleisung, enthielt implizit wohl auch eine (in früheren Publikationen Rahners nur selten anzutreffende) persönliche Spitze, nämlich in Richtung auf Joseph Ratzinger, den Präfekten der genannten Kongregation.

Doch wie reagiert Kardinal Ratzinger auf dieses Buch? Er stellt in einem Interview fest: „Ein Parforceritt zur Einheit, wie ihn neulich H. Fries und K. Rahner mit ihren Thesen angeboten haben, ist ein Kunstgriff theologischer Akrobatik, die leider der Realität nicht standhält. Man kann die Konfessionen nicht wie auf einem Kasernenhof zueinander dirigieren und sagen: Hauptsache, sie marschieren miteinander; was sie dabei denken, ist im einzelnen nicht so wichtig. [...] Die Wahrheitsfrage durch ein paar kirchenpolitische Operationen zu überspringen, wie dies im Grunde Fries und Rahner vorzuschlagen scheinen, wäre ein ganz und gar unverantwortliches Verhalten" (zit. nach 1985, 160f.) Wem wäre zwanzig Jahre zuvor, als Rahner und Ratzinger in einer entscheidenden Phase des Konzils Seite an Seite für das Hausrecht eines in christlichem

Freimut geführten Dialogs auch in der römisch-katholischen Kirche kämpften, in den Sinn gekommen, daß sie sich einmal in dieser Weise „wiederbegegnen" würden? Bevor in dieser Kirche andere Formen des Umgangs miteinander (wieder)gefunden werden, können weiterreichende ökumenische Gesprächsversuche kaum noch glaubwürdig erscheinen.

Die eigentliche Mitte schon des Büchleins von 1972 über den Strukturwandel der Kirche bildete weder die Frage nach „Strukturen" noch die nach deren „Wandel". Letztlich klagt Rahner eine Spiritualität ein, ohne die alle organisatorischen und kirchenpolitischen Forderungen ins Leere stoßen bzw. nur zu weiteren Verhärtungen führen: „Wo wird von den ‚Geboten' Gottes nicht als von einer mühselig zu respektierenden Pflicht, sondern von ihnen als der herrlichen Befreiung von versklavender Lebensangst und von frustrierendem Egoismus geredet? [...] Wo gibt es denn noch die ‚geistlichen Väter', die christlichen ‚Gurus', die das Charisma einer Einweisung in die Meditation, ja in eine Mystik haben, in der das Letzte des Menschen, seine Vereinigung mit Gott, in einem heiligen Mut angenommen wird?" (1972a, 90f.)

Die hier angedeutete Richtung kommt in einem Wort Rahners zum Ausdruck, das von jenen Jahren an immer wieder von ihm verwendet wird: „Der Christ der Zukunft wird ein Mystiker sein oder er wird nicht sein" (z.B. 1984c, 28; eigentlich ein implizites Selbstzitat aus einem Vortrag von 1966: ST 7, 22). Die Häufigkeit dieses Zitats in Interview-Äußerungen zeigt, wie sehr es dem Anliegen seiner späten Theologie entspricht. Doch durchzieht diese Grundintention nicht auch schon seine frühesten Texte? Man wird in diesem Ringen um eine „christliche Mystik" wohl doch den roten Faden seines Werks sehen müssen, so sehr die theoretische Arbeit notwendig war, um zu klären, daß der „Ort" dieser Mystik nicht die selbstgewählte Wüste, sondern die harte Wanderung des Gottesvolks inmitten einer ungewohnten und oft als feindlich begegnenden Welt ist. Von daher erscheint es als angemessen, wenn wir unsere Darstellung nicht ohne einen Hinweis auf das geistliche Schrifttum des späten Rahner beschließen.

Die Sammlung dieser Arbeiten war Rahner in seiner späten Zeit wichtig. Darum hat er den Wunsch nach einem „geistlichen Lesebuch" aus seinen Schriften geäußert (1982). Sein letztes Buch war die Sammlung von Gebeten, in die posthum sein wohl allerletzter Text, ein Gebet, aufgenommen wurde (1984b). Auch die Sammlung seiner Texte zum Kirchenjahr, einen Zeitraum von fünfzig Jahren überspannend, geht noch auf seine Anregung zurück (1986b). Einige der späten Meditationen sind theologisch dichte Weiterführungen klassischer theologischer Themen. Der Text *Gott ist Mensch geworden* (1975) ist einer Frau gewidmet (seiner Mutter zum 100. Geburtstag). Immer wieder galten solche Publikationen aber auch dem geistlichen Gespräch mit der jungen Generation (1979; 1982a).

Das letzte Jahrzehnt von Rahners Leben führte verständlicherweise – aus Altersgründen oder auch, wo ihm die Arbeit zu unfruchtbar erschien – zum Rückzug aus manchen Gremien, etwa der Internationalen Theologenkommission in Rom. Die Erfahrung des Vergessenwerdens blieb auch ihm, zumindest der subjektiven Wahrnehmung nach, nicht erspart. Die großen Feiern zu seinem 80. Geburtstag zeigten ihm dagegen, wie groß immer noch die Resonanz war, vor allem wohl die Freiburger Akademieveranstaltung (1984).

Seine Rede zu diesem Anlaß ist von vielen als Abschiedswort aufgefaßt worden. Sie faßt manches noch einmal zusammen, ist letztlich aber nicht auf die eigene Arbeit bezogen, sondern auf das unbegreifliche Geheimnis, dem dieses Lebenswerk galt. In unserem Versuch einer zusammenfassenden Darstellung haben wir der Eschatologie Rahners nur wenig Raum geben können. Wenn wir zu Ende den Abschluß seiner „Erfahrungen eines katholischen Theologen" im vollen Wortlaut zitieren, so mag dies den Mangel ein wenig kompensieren:

„[...] ich will nur noch von einer Erfahrung etwas zu sagen versuchen, von einer Erfahrung, die quer zu allem bisher Berichteten liegt und darum mit diesem nicht mitgezählt werden kann, von der Erfahrung der Erwartung des ‚Kommenden'. Wenn wir als Christen das Ewige Leben bekennen, das uns zuteil werden soll, ist diese Erwartung des Kommenden zunächst keine besonders seltsame Sache. Gewöhnlich spricht man ja mit einem gewissen salbungsvollen Pathos über die Hoffnung des Ewigen Lebens und fern sei mir, so etwas zu tadeln, wenn es ehrlich gemeint ist. Aber mich selber überkommt es seltsam, wenn ich so reden höre. Mir will scheinen, daß die Vorstellungsschemen, mit denen man sich das Ewige Leben zu verdeutlichen sucht, meist wenig zur radikalen Zäsur passen, die doch mit dem Tod gegeben ist. Man denkt sich das Ewige Leben, das man schon seltsam als ‚jenseitig‘ und ‚nach‘ dem Tod weitergehend bezeichnet, zu sehr ausstaffiert mit Wirklichkeiten, die uns hier vertraut sind, als Weiterleben, als Begegnung mit denen, die uns hier nahe waren, als Freude und Friede, als Gastmahl und Jubel und all das und ähnliches als nie aufhörend und weitergehend. Ich fürchte, die radikale Unbegreiflichkeit dessen, was mit Ewigem Leben wirklich gemeint ist, wird verharmlost, und was wir unmittelbare Gottesschau in diesem Ewigen Leben nennen, wird herabgestuft zu einer erfreulichen Beschäftigung neben anderen, die dieses Leben erfüllen; die unsagbare Ungeheuerlichkeit, daß die absolute Gottheit selber nackt und bloß in unsere enge Kreatürlichkeit hineinstürzt, wird nicht echt wahrgenommen. Ich gestehe, daß es mir eine quälende, nicht bewältigte Aufgabe des Theologen von heute zu sein scheint, ein besseres Vorstellungsmodell für dieses Ewige Leben zu entdecken, das diese genannten Verharmlosungen von vornherein ausschließt. Aber wie? Aber wie? Wenn die Engel des Todes all den nichtigen Müll, den wir unsere Geschichte nennen, aus den Räumen unseres Geistes hinausgeschafft haben (obwohl natürlich die wahre Essenz der getanen Freiheit bleiben wird), wenn alle Sterne unserer Ideale, mit denen wir selber aus eigener Anmaßung den Himmel unserer Existenz drapiert hatten, verglüht und erloschen sind, wenn der Tod eine ungeheuerlich schweigende Leere errichtet hat, und wir diese glaubend und hoffend als unser wahres Wesen schweigend angenommen haben, wenn dann unser bisheriges, noch so langes Leben nur als eine einzige kurze Explosion unserer Freiheit erscheint, die uns wie in Zeitlupe gedehnt vorkam, eine Explosion, in der sich Frage in Antwort, Möglichkeit in Wirklichkeit, Zeit in Ewigkeit, angebotene in getane Freiheit umsetzte, und wenn sich dann in einem ungeheuren Schrecken eines unsagbaren Jubels zeigt, daß diese ungeheure schweigende Leere, die wir als Tod empfinden, in Wahrheit erfüllt ist von dem Urgeheimnis, das wir Gott nennen, von seinem reinen Licht und seiner alles nehmenden und alles schenkenden Liebe, und wenn uns dann auch noch aus diesem weiselosen Geheimnis doch das Antlitz Jesu, des Gebenedeiten erscheint und uns anblickt, und diese Konkretheit die göttliche Überbietung all unserer wahren Annahme der Unbegreiflichkeit des weiselosen Gottes ist, dann, dann so ungefähr möchte ich nicht eigentlich beschreiben, was kommt, aber doch stammelnd andeuten, wie einer vorläufig das Kommende erwarten kann, indem er den Untergang des Todes selber schon als Aufgang dessen erfährt, was kommt" (1984, 118 f.).

Ausblick

Der Tod Karl Rahners (1984) – und vier Jahre später der Hans Urs von Balthasars – hat in der katholischen Theologie eine Zäsur gesetzt. Nach abermals über einem Jahrzehnt ist manches in größere Ferne gerückt und fremder geworden. Aus der gegenwärtigen Theologie ist Rahners Werk aber nicht wegzudenken. In der Diskussion um eine „pluralistische" Deutung der Religionen beschäftigen sich auch Theologen anderer Konfessionen mit seinem Theologumenon vom „anonymen Christen" – und stoßen sich an seiner gleichzeitigen Christozentrik. Arbeiten zu den grundlegenden Themen der Theologie setzen sich immer noch an gewichtiger Stelle mit Rahners Werk auseinander. Schließlich zeigt auch das Erscheinen einer Gesamtausgabe – der einzigen für einen deutschsprachigen *katholischen* Theologen überhaupt –, welches Gewicht seinen Schriften weiterhin zugemessen wird.

Zugleich (und vielleicht sogar an denselben Phänomenen) läßt sich aber auch beobachten, daß und wie Rahner „historisch" geworden ist. So rückt die Gesamtausgabe wieder Texte – etwa unveröffentlichte Vorlesungen oder manche Frühschriften – in den Blickpunkt, die zeigen, wie sehr der Ausgangspunkt seines Werks ganz bestimmten Konstellationen in der katholischen Theologie verhaftet war, diese Herkunft aber auch Zukunft für ihn gewesen ist: – die Verwurzelung in der neuscholastischen Schultheologie; – die Abgrenzung gegen ein psychologisierendes Denken, wie es manchen als „modernistisch" eingestuften Erneuerungsversuchen eigen war und auch heute wieder in anderer Weise Konjunktur hat; – die bei allem Mut zu offener Kritik strikt institutionell-kirchliche Bindung seiner Theologie. Hier werden bleibende Merkmale des Rahnerschen Denkens deutlich, auch wenn dieses im Laufe der Zeit flexibler geworden ist und Rahner manche historische Situation rückblickend anders gewertet hat. Rahner empfand den schul- und binnentheologisch fixierten Rahmen seiner frühen Arbeit nicht so sehr als Einengung für sein Denken. Er hat nicht – wie Hans Urs von Balthasar – über die „Wüste der Neuscholastik" geklagt. Die Fruchtbarkeit seiner Art Theologie zu treiben liegt vielmehr gerade darin, diese Vorgaben zu verlebendigen. Nicht zuletzt dadurch konnte es zu der weltweiten Rezeption der Rahnerschen Theologie seit dem Zweiten Vaticanum kommen. Hier wurde auf einem Fundament weitergebaut, das jeder schultheologisch Ausgebildete kannte. Wird darin künftig vielleicht auch ein Hindernis für das Verständnis Rahners liegen, wenn diese gemeinsamen Voraussetzungen nicht mehr gegeben sind?

Man wird nicht weniger berücksichtigen müssen, wie Rahner zeitlebens versucht hat, unversöhnlich erscheinende Positionen in seinem eigenen Denken „aufzuheben". So werden die Erfahrungsfremde der Neuscholastik und die Erfahrungsemphase „modernistischen" Denkens bei Rahner subtil versöhnt. Sein Versuch, gleichzeitig die Unantastbarkeit der göttlichen Gnade und die Gnadenerfahrung in ihrer formalen Struktur wie ihren verdeckten, „anonymen" Formen zu denken, gehören hierher. Rahners Assimilationsfähigkeit läßt sich in den verschiedensten Richtungen aufweisen, etwa an der Aufnahme der protestantischen Exegese seit den Kriegsjahren, der intensiveren Rezeption der kritischen katholischen neutestamentlichen Exegese in der Nachkriegszeit, schließlich der Offenheit für so neue und durchgreifende Themenstellungen wie die der Politischen Theologie.

Jeder entschiedene Denkansatz bedeutet gleichzeitig Möglichkeit wie Einengung. Das zeigt sich eindrucksvoll z.B. bei einem Vergleich des begrifflich-formalen Instrumentars des Rahnerschen Denkens mit dem weitgespannten „Fächer der Stile" seines Weggenossen und schließlichen Gegenparts Hans Urs von Balthasar. Neben solchen „stilbedingten" Einseitigkeiten lassen sich durchaus aber auch inhaltliche Defizite bei Rahner feststellen. Die zu geringe Aufmerksamkeit für das Erste Testament und damit auch die ungenügende Deutung des Judentums in seinen Arbeiten ist ihm schon zu Lebzeiten vorgehalten worden – nicht ganz zu Recht, wenn man etwa die von Rahner zum konkreten Dialog mit dem Judentum vorgetragenen Überlegungen im Auge behält (1961a).

Ein schwierig zu fassendes Problem stellt der Übergang von Transzendentalphilosophie zu einer transzendentalen Theologie im Werk Rahners dar. Rahner ist der erste, der die von Maurice Blondel und Joseph Maréchal initiierte Rezeption transzendentalen Denkens in der katholischen Theologie entschlossen übernommen hat. In diesem Punkt unterscheidet er sich z.B. deutlich auch von Hans Urs von Balthasar, der zeitlebens allem „Kantianischen" gegenüber resistent blieb, trotz seiner im übrigen großen Nähe zu Blondel und der von ihm beeinflußten „Nouvelle Théologie". So konnte Rahner lange Zeit zu Recht als derjenige gelten, der innerhalb scholastischer Theologie einen Weg zu der allzu lange unterdrückten „Moderne" gebahnt hatte. Als jedoch J. B. Metz die „transzendentale Subjekttheologie" (Rahners) als hinderlich für die Wahrnehmung wirklicher geschichtlicher Erfahrung in ihren gesellschaftlichen Widersprüchen und Antagonismen herausstellte (Metz 1977), wurde dieser Vorwurf weder von Rahner noch von sonst einem angesehenen Theologen mit philosophisch stichhaltigen Argumenten ernsthaft hinterfragt. Statt daß man den bestehenden Mängeln der transzendentalen Theologie durch subjekttheoretisch intensivere Reflexionen auf die Spur zu kommen suchte, fanden nun die diversesten philosophischen Strömungen in der katholischen Theologie zumindest eine zeitweilige Unterkunft, geeint allein in der Prämisse, daß nach dem „linguistic turn" eine Bewußtseinsphilosophie im Stile Descartes' oder Kants obsolet geworden sei. So geben sich in der gegenwärtigen Theologie Prämoderne und Postmoderne dank ihrer gemeinsamen Abneigung gegen ein radikales Ausloten dessen, was Freiheit und Autonomie für Ethik und Theologie bedeuten, (unterderhand) die Hand.

In seinen späten Jahren ist Rahners Werk durch die Menge des Publizierten so unübersichtlich für den Nichtspezialisten geworden, daß es zur Verselbständigung verschiedener „Wirkungsgeschichten" kam. Den nachkonziliaren „Linken" galt er zeitweilig als Bremser aus einer historisch verdienstvollen, aber theologisch verknöcherten Tradition. Den „Rechten" – und diese Kritik hat sich leider auf geringerem Niveau fortgesetzt – galt er manchmal als Gefahr für eine geschlossene Theologie und Kirchlichkeit, als Kritiker von Amtsautoritäten und Unterminierer konkreten Christentums. Noch weiter verbreitet ist die zu Mißverständnissen führende Verbalrezeption einzelner Schlagwörter, die Rahner im Verlaufe seiner theologischen Neuansätze geprägt hat – vom weltbekannten „anonymen Christen" angefangen.

Galt Rahner eine zeitlang als der scharfsinnige Grundlagendenker der Theologie, so ist er danach vielfach als Erneuerer theologischer und kirchlicher Stukturen wahrgenommen worden, wiederum später als „Zwischenrufer" usw. Daß er zeitlebens ein *geistlicher Mensch,* ein spiritueller Anreger und Lebensbegleiter war, trat weniger in den Mittelpunkt, obwohl die Auflagenzahl manches kleinen Rahner-Buches, das Einblick in diese innerste Welt seines Schaffens gab, für sich sprach. Diese spirituelle Dimension der Rahnerschen Theologie findet eigentlich erst nach seinem Tode besondere Beachtung, nicht zuletzt im Blick auf die Gesamtdeutung seiner Theologie. Rahners geistliches Schrifttum ist auch in den letzten Jahren in Sammelbänden weiterhin verlegerisch präsent gewesen und rezipiert worden. Die Patina, die religiöse Sprache so schnell ansetzt und von der auch die frühen Rahner-Texte nicht frei sind, haben diesem Interesse wenig anhaben können. Die Texte sind zu ehrlich, zu erfahrungsgesättigt, als daß man an solchen Äußerlichkeiten hängen bliebe. An ihren Kernstellen haben sie ein so eindrückliches Pathos, daß sie auch heute noch „unter die Haut" gehen. Zumindest in dieser Hinsicht entspricht die Wirkungsgeschichte den Intentionen Rahners selbst, seinem Bemühen, dem gelebten Christentum zu dienen und nicht nur dem theologischen Räsonnement.

Die *pastoralen Schriften* Rahners sind über die Gesamtausgabe (SW 19) wieder besser zugänglich geworden. Die Aktualität dieses wichtigen Teils seines Schaffens liegt heute vielleicht nicht so auf der Hand wie bei dem geistlichen Werk. Rahner hat jedoch eindrücklich gezeigt, wie anspruchsvoll gedacht werden muß, wenn die Kirche ihre Botschaft auf dem „Markt der Möglichkeiten" unverkürzt und doch zugleich zeitgerecht einbringen will. Hier wurden Maßstäbe gesetzt, die nicht unterboten werden sollten, auch wenn man heute mehr an Empirie, an humanwissenschaftlicher Methodik und an Interdisziplinarität bewältigen muß.

Das Bemühen um eine *„wissenschaftliche Theologie"* war in der späten Phase etwas in den Hintergrund getreten. Dennoch bleibt es der zentrale Strang im Lebenswerk Rahners. Die strenge begriffliche Arbeit bleibt ein Erfordernis, das heute nicht weniger zu kurz kommt als zu Lebzeiten Rahners. Schon damals hat ihm das Bestehen darauf keine Freunde gewonnen; in der heutigen Situation der Theologie würde er sich vermutlich noch mehr als ein Fremdling vorkommen.

Doch kann man diesem strengen wissenschaftlichen Arbeiten von Rahner mehr lernen als das allgemeine Prinzip? Ist seine Art zu reflektieren noch vorbildlich? Hier wird man unterscheiden müssen. Das weitgehende Vertrauen des frühen Rahner in die Werkzeuge des neuscholastischen Denkens ist durch Existentialphilosophie und Hermeneutik gebrochen worden. Sein Denken geht aber im konkreten Vollzug vielfach phänomenologisch vor, ohne dabei die Strenge der Reflexion aufzugeben. Im übrigen sind zu einfache Entgegensetzungen obsolet. Dies ließe sich etwa an einem Werk wie dem *Grundkurs* (1976) zeigen. Hier finden sich eigentlich alle Stile Rahners in einem Denkvollzug, der sowohl transzendentale Grundlegung wie hermeneutische Phänomenologie einbringt.

Bleibt schließlich das insgesamt doch sehr umfangreiche *historische Werk* des vorwiegend als Systematiker angesehenen Karl Rahner, etwa seine umfangreichen Studien zur Bußgeschichte. Die Eigentümlichkeit seiner historischen Arbeit liegt zweifellos im Gegenwartshorizont, aus dem er die Texte gelesen hat. Das heißt aber nicht, daß Rahner die historische Distanz naiv überspringt. Man braucht nur an seine Erforschung frühkirchlicher Häresien, apokrypher marianischer Transituslegenden oder von Sonderwegen des Bußvollzugs zu erinnern. Was er aber an historischer Arbeit lobt, ist die „Kunst, historische Texte so lesen zu können, daß aus ihnen nicht nur Stimmzettel für oder gegen unsere heutigen (schon längst eingenommenen) Positionen werden, sondern sie uns von der Sache selbst etwas sagen, worüber *wir* bisher noch gar nicht oder nicht genau genug nachgedacht haben" (SW 4, 411). Dieser Satz behält sein Gewicht auch für jeden, der sich heute an dem facettenreichen Werk Rahners selbst abmüht.

Anhang

Zeittafel

1904	5. März: Karl Rahner in Freiburg i. Br. geboren
1910–13	Knabenbürgerschule in Freiburg
1913–22	Realgymnasium in Freiburg
1922	Eintritt in den Jesuitenorden. Noviziat in Feldkirch (Vorarlberg)
1924	Philosophiestudium an den Ordenshochschulen Feldkirch und Pullach
1927-29	Sprachlehrer für Ordensnovizen in Feldkirch (Griechisch, Latein, Deutsch)
1929–33	Studium der Theologie an der Ordenshochschule in Valkenburg (Niederlande)
1932	Priesterweihe in München St. Michael durch Kardinal Faulhaber
1933–34	Ordensinternes Probejahr (Tertiat) in St. Andrä im Lavanttal (Kärnten)
1934	Tod des Vaters Karl Rahner sen. (* 1868)
1934–36	Philosophiestudium in Freiburg i.Br.
1936	Promotion zum Dr. theol. in Innsbruck: *E latere Christi*
1937	Habilitation für Katholische Dogmatik in Innsbruck, Privatdozent
1938	Aufhebung der Theologischen Fakultät Innsbruck und des Jesuitenkollegs durch die Nationalsozialisten
1939	*Geist in Welt* - *Aszese und Mystik in der Väterzeit* (M. Viller/K. Rahner)
1939–44	Mitarbeiter in der Abteilung für Seelsorge des Erzbischöflichen Ordinariats in Wien; Vorträge
1941	*Hörer des Wortes*
1944–45	Seelsorge in Mariakirchen (Niederbayern)
1945–48	Dozent für Dogmatik an der Ordenshochschule in Pullach
1948	Dozent an der Theologischen Fakultät Innsbruck
1949	o. Prof. für Dogmatik und Dogmengeschichte, Innsbruck
1954	*Schriften zur Theologie, Bd. 1*
1957	*Lexikon für Theologie und Kirche, Bd. 1* (Herausgeber) - *Geist in Welt* (2. Aufl., bearb. von J. B. Metz)
1958	*Über die Schriftinspiration (Quaestiones disputatae, Bd. 1)*
1959	*Sendung und Gnade. Beiträge zur Pastoraltheologie*
1961	*Kleines Theologisches Wörterbuch* (H. Vorgimler/K. Rahner)

1962–65	Zweites Vatikanisches Konzil
1962	Ernennung zum Konzilstheologen (peritus)
1963	*Hörer des Wortes* (Neubearbeitung von J. B. Metz)
1964	o. Prof. für christliche Weltanschauung und Religionsphilosophie an der Universität München
1964	*Handbuch der Pastoraltheologie, Bd. 1* (Mitherausgeber und Hauptverfasser)
1966	*Kleines Konzilskompendium* (K. Rahner/H. Vorgrimler)
1967	Ordinarius für Dogmatik und Dogmengeschichte, Münster (München bleibt weiterhin Rahners Hauptwohnsitz)
1968	Tod des Bruders Hugo Rahner SJ (* 1900)
1969	Mitglied der Päpstlichen Theologenkommission
1971	Synode der Bistümer in der Bundesrepublik Deutschland
1971	Emeritierung
1971	Honorarprofessor für Grenzfragen von Theologie und Philosophie an der Hochschule für Philosophie in München
1972	*Strukturwandel der Kirche als Aufgabe und Chance*
1976	Tod der Mutter Luise Rahner, geb. Trescher (* 1875)
1976	*Grundkurs des Glaubens*
1981	Umzug nach Innsbruck
1983	*Einigung der Kirchen - reale Möglichkeit* (H. Fries/K. Rahner)
1984	*Schriften zur Theologie, Bd. 16 - Gebete des Lebens*
1984	30. März Karl Rahner stirbt in Innsbruck. 4. April Beisetzung in der Krypta der Jesuitenkirche Innsbruck

Literatur

I. Bibliographien

Eine kritische Bibliographie fehlt.

1. Die *Werke Karl Rahners* sind in folgenden Verzeichnissen aufgelistet:

Bleistein, R./E. Klinger: *Bibliographie Karl Rahner: 1924–1969.* Freiburg 1969.
Bleistein, R.: *Bibliographie Karl Rahner: 1969–1974.* Freiburg 1974.
Imhof, P./H. Treziak: Bibliographie Karl Rahner 1974–1979. In: *H. Vorgrimler: Wagnis Theologie.* Freiburg 1979, S. 579–597.
Imhof, P./E. Meuser: Bibliographie Karl Rahner 1979–1983. In: *E. Klinger/K. Wittstadt: Glaube im Prozeß.* Freiburg 1984, S. 854–885.

Die überarbeiteten Bibliographien und eine *grobsystematische Werkübersicht* sind im Internet über das Fachreferat Theologie der Universitätsbibliothek Freiburg (URL: http://www.ub.uni-freiburg.de/referate/04/) zugänglich.

2. Die *Sekundärliteratur* verzeichnen:

Raffelt, A.: Karl Rahner: Bibliographie der Sekundärliteratur 1948–1978. In: *H. Vorgrimler: Wagnis Theologie,* Freiburg 1979, S. 598–622.

Raffelt, A.: Karl Rahner: Bibliographie der Sekundärliteratur: 1979–1983 und Nachträge. In: *E. Klinger/K. Wittstadt: Glaube im Prozeß,* Freiburg 1984, S. 872–885.

Raffelt, A./R. Siebenrock: Karl-Rahner-Sekundärliteratur 1984–1993. In: *A. Raffelt* (Hrsg.): *Karl Rahner: In Erinnerung,* Düsseldorf 1994, S. 165–205.

In aktualisierter und ergänzter Form ist auch die Sekundärliteratur im Internet über das Fachreferat Theologie der Universitätsbibliothek Freiburg zugänglich (URL: http://www.ub.uni-freiburg.de/referate/04/).

II. Werke Karl Rahners

Karl Rahner: Sämtliche Werke. Hrsg. v. *K. Lehmann, K.-H. Neufeld, J. B. Metz, A. Raffelt, H. Vorgrimler.* Freiburg/Zürich, 1995 ff. – Auf ca. 30 Bde. geplant. – 2: Geist in Welt : Philosophische Schriften, 1996; 3: Mystik und Kirchenväter, angekündigt; 4: Hörer des Wortes : Schriften zur Religionsphilosophie und zur Grundlegung der Theologie, 1997; 8: Schöpfungslehre, angekündigt; 19: Selbstvollzug der Kirche, 1995. – Zitiert: SW.

Karl Rahner: Schriften zur Theologie, 16 Bde. Einsiedeln/Zürich, 1954–1984. – Zitiert: ST.

Die folgende Liste bietet nur die bibliographischen Angaben der *nicht* in diesen Sammlungen enthaltenen, aber in diesem Band zitierten Veröffentlichungen.

1924 – Warum uns das Beten nottut. In: Leuchtturm 18 (1924/25), S. 10–11.

1934 – „Coeur de Jésus" chez Origène? In: *Revue d'ascétique et de mystique* 14 (1934), S. 171–174.

1937 – Ein messalianisches Fragment über die Taufe. In: ZkTh 61 (1937), S. 258–271 [SW 3].

1939 – *Aszese und Mystik in der Väterzeit/K. Rahner; M. Viller.* Freiburg 1939 [SW 3].

1946 – Der Einzelne in der Kirche. In: *Stimmen der Zeit* 139 (1946), S. 260–276.

1947 – Über Privatoffenbarungen. In: *Münchener Katholische Kirchenzeitung* 40 (7. 12. 1947), Nr. 49, S. 352.

1948a – Über Visionen und verwandte Erscheinungen. In: GuL 21 (1948), S. 179–213.

1948b – Probleme heutiger Mariologie. In: *Gottlieb Söhngen* (Hrsg.): *Aus der Theologie der Zeit,* Regensburg 1948, S. 85–113.

1948d – Die Zugehörigkeit zur Kirche. In: *A. Mager* (Hrsg.): *Kirche – Weltanschauung – Soziale Frage*, Salzburg 1948, S. 47–60.

1948e – Rezension: *K. Adam: Una Sancta in katholischer Sicht*, 1948. In: Wort und Wahrheit 3 (1948), S. 959–961.

1949 – *Von der Not und dem Segen des Gebetes,* Innsbruck 1949.

1949a – Zur Theologie des Todes. In: *Über den Tod,* Hamburg 1949 (Synopsis. 3), S. 87–112.

1949b – Passion und Aszese. In: GuL 22 (1949), S. 15–36.

1949c – Der Gesetzesbegriff in der christlichen Offenbarung : Trialog zwischen Prof. Karl Rahner, Innsbruck, Pater Dr. Leopold Soukup, Seckau, und Pastor Dr. G. Molin, Wien. In: *S. Moser* (Hrsg.): *Gesetz und Wirklichkeit : 4. Internationale Hochschulwochen des österreichischen College, Alpbach, Tirol, 1948,* Innsbruck 1949, S. 247–254.

1950 – *Gefahren im heutigen Katholizismus,* Einsiedeln 1950 (Christ heute I/10).

1951 – Das neue Dogma und wir. In: *Aufgenommen in den Himmel,* Innsbruck 1951, S. 7–15.

1953 – Rezension: *Léon-Joseph Suenens, Theologie des Apostolates der Legion Mariens,* 1952. In: ZKTh 75 (1953), S. 229–231.

1954 – *Kleines Kirchenjahr,* München 1954.

1956 – *Maria, Mutter des Herrn: Theologische Betrachtungen,* Freiburg 1956.

1957 – Natur und Gnade. In: *J. Feiner/J. Trütsch/F. Böckle* (Hrsg.): *Fragen der Theologie heute,* Einsiedeln 1957, S. 209–230.

1958 – *Visionen und Prophezeiungen / Theodor Baumann* (Mitarb.), Freiburg ²1958 (QD 4).

1958a – *Zur Theologie des Todes,* Freiburg 1958 (QD 2).

1959 – Natur und Gnade nach der Lehre der katholischen Kirche. In: *Una Sancta* 14 (1959), S. 74–81.

1961 – *Kleines theologisches Wörterbuch / K. Rahner, H. Vorgrimler,* Freiburg 1961 (HerBü 108/109).

1961a – Bekenntnis zu Jesus Christus. In: *H. J. Schultz* (Hrsg.): *Juden, Christen, Deutsche,* Stuttgart 1961, S. 149–158.

1963a – Dogmatische Fragen des Konzils. In: *Oberrheinisches Pastoralblatt* 64 (1963), S. 234–250.

1964 – Die zweite Konzilsperiode. In: *Oberrheinisches Pastoralblatt* 65 (1964), S. 68–82.

1965 – Bemerkungen zum Begriff der Offenbarung. In: *K. Rahner; J. Ratzinger: Offenbarung und Überlieferung,* Freiburg 1965 (QD 25).

1969 – *Zur Reform des Theologiestudiums,* Freiburg 1969 (QD 41).

1971 – *Chancen des Glaubens: Fragmente einer modernen Spiritualität,* Freiburg 1971 (HerBü 389).

1972 – *Christologie – systematisch und exegetisch / Karl Rahner; Wilhelm Thüsing,* Freiburg 1972 (QD 55).

1972a – *Strukturwandel der Kirche als Aufgabe und Chance,* Freiburg 1972 (HerBü 446).

1975 – *Gott ist Mensch geworden: Meditationen*, Freiburg 1975.
1976 – *Grundkurs des Glaubens*, Freiburg 1976.
1979 – *Was sollen wir noch glauben? Theologen stellen sich den Glaubensfragen einer neuen Generation* / K. Rahner; Karl-Heinz Weger. Freiburg 1979 (HerBü 700).
1982 – *Praxis des Glaubens : Geistliches Lesebuch*, Freiburg 1982.
1982a – *Mein Problem : Karl Rahner antwortet jungen Menschen*, Freiburg 1982.
1983 – *Einigung der Kirchen- reale Möglichkeit* / Heinrich Fries; K. Rahner, Freiburg 1983 (QD 100).
1983a – *Im Gespräch : Bd. 2: 1978–1982* / P. Imhof/H. Biallowons (Hrsg.). München 1983.
1984 – Erfahrungen eines katholischen Theologen. In: *Karl Lehmann* (Hrsg.): *Vor dem Geheimnis Gottes den Menschen verstehen*, München 1984, S. 105–119.
1984a – *Erinnerungen* / im Gespräch mit *Meinold Krauss*, Freiburg 1984 (HerBü 1154).
1984b – *Gebete des Lebens*, 3. Aufl. Freiburg 1984.
1984c – *Horizonte der Religiosität: Kleine Aufsätze*, Wien 1984.
1985 – *Einigung der Kirchen- reale Möglichkeit: Mit einer Bilanz „Zustimmung und Kritik"* / Heinrich Fries; K. Rahner, Freiburg 1985. – Sonderausgabe von QD 100.
1986 – *Glaube in winterlicher Zeit*, Düsseldorf 1986.
1986a – Kleine Brieffolge aus der Konzilszeit. In: *Herbert Vorgrimler: Karl Rahner verstehen*, Freiburg 1986 (HerBü 1192), S. 173–220.
1986b – *Das große Kirchenjahr : Geistliche Texte*, Freiburg 1986.

III. Sonstige zitierte Literatur

Die Sekundärliteratur wird im Text mit dem Verfasser-/Herausgebernamen, der Jahreszahl und den Seitenzahlen angegeben:

Balthasar, H. U. v. [1939]: [Rezension von] J. B. Lotz, Sein und Wert. 1938, K. Rahner, Geist in Welt. 1939. In: ZKTh 63 (1939), S. 371–379.
Balthasar, H. U. v. [1966]: *Cordula oder der Ernstfall*, Einsiedeln 1966, ⁴1987.
Blondel, M. [1974]: *Zur Methode der Religionsphilosophie*, Einsiedeln 1974 (Theologia Romanica 5).
Blondel, M. [1992]: *Der Ausgangspunkt des Philosophierens: Drei Aufsätze* /A. Raffelt; H. Verweyen (Hrsg.). Hamburg 1992 (PhB 451).
Coreth, E. [1961]: *Metaphysik. Eine methodisch-systematische Grundlegung*, München 1961.
Delgado, M.; Lutz-Bachmann, M. (Hrsg.) [1994]: *Theologie aus Erfahrung der Gnade*, Berlin 1994 (Schriften der Diözesanakademie Berlin 10).
Ebeling, G. [1970]: Erwägungen zu einer evangelischen Fundamentaltheologie. In: *Zeitschrift für Theologie und Kirche* 67 (1970), S. 479–524.

Eisenhuth, H.E. [Rezension: *Rahner:* Hörer des Wortes. 1941.] In: *Theologische Literaturzeitung* 67 (1942), S. 110–111.

Greiner, F. [1978]: *Die Menschlichkeit der Offenbarung. Die transzendentale Grundlegung der Theologie bei K. Rahner*, München 1978.

Greshake, G.; Lohfink, G. [1982]: *Naherwartung, Auferstehung, Unsterblichkeit. Untersuchungen zur christlichen Eschatologie*, Freiburg ⁴1982.

Heidegger, M. [1927]. *Sein und Zeit*, Tübingen 1927.

Heidegger, M. [1954]: *Vorträge und Aufsätze*, Pfullingen 1954.

Imhof, P. [1985]: *Karl Rahner: Bilder eines Lebens* / P. *Imhof* ; H. *Biallowons* (Hrsg.), Zürich/Freiburg 1985.

Jaspers, K. [1932]: *Philosophie. III. Metaphysik*, ¹1932, hier nach Berlin ⁵1956.

Kobusch, T. [1994]: Phänomenologie und Fundamentaltheologie. In: W. *Geerlings* ; M. *Seckler* (Hrsg.): *Kirche sein*, Freiburg 1994, S. 111–116.

Lehmann, K. [1979]: *Rechenschaft des Glaubens: Karl-Rahner-Lesebuch* / Hrsg. von K. *Lehmann* u. A. *Raffelt*, Zürich/Freiburg 1979.

Maréchal, J. [1950]: *Mélanges Maréchal*, Bruxelles, 1950, Bd. 1.

Metz, J. B.: [1977]: *Glaube in Geschichte und Gesellschaft*, Mainz 1977.

Neufeld, K.-H. [1994]: *Die Brüder Rahner: Eine Biographie*, Freiburg 1994.

Raffelt, A. [1992]: Die Erneuerung der katholischen Theologie. In: *J.-M. Mayeur* (Hrsg.): *Geschichte des Christentums*, Bd. 12. Freiburg i.Br. 1992, S. 216–237.

Raffelt, A. (Hrsg.) [1994]: *Karl Rahner in Erinnerung*, Düsseldorf 1994 (Freiburger Akademieschriften 8).

Raffelt, A. [1996]: Pluralismus – ein Plädoyer für Rahner und eine Bemerkung zur Sache. In: G. *Larcher u. a.* (Hrsg.): *Hoffnung, die Gründe nennt*, Regensburg 1996, S. 127–138.

Rinser, L. [1994]: *Gratwanderung*, München 1994.

Rudolf, K. [1947]: *Aufbau im Widerstand. Ein Seelsorge-Bericht aus Österreich 1938–1943*, Salzburg 1947.

Schwerdtfeger, N. [1982]: *Gnade und Welt: Zum Grundgefüge von Karl Rahners Theorie der „anonymen Christen"*, Freiburg 1982 (Freiburger theologische Studien. 123).

Simons, E. [1966]: *Philosophie der Offenbarung. In Auseinandersetzung mit „Hörer des Wortes" von K. Rahner*, Stuttgart 1966.

Valensin, Aug. [1912]: Immanence, Méthode d'. In: *Dictionnaire apologétique de la foi catholique*, Bd. 2, Paris 1924, Sp. 579–593.

Verweyen, H. [1969]: *Ontologische Voraussetzungen des Glaubensaktes: Zur transzendentalen Frage nach der Möglichkeit von Offenbarung*, Düsseldorf 1969.

Verweyen, H. [1986]: Wie wird ein Existential übernatürlich? In: *Trierer Theologische Zeitschrift* 95 (1986), S. 115–131.

Verweyen, H. [1991]: *Gottes letztes Wort: Grundriß der Fundamentaltheologie*, Düsseldorf 1991.

Vorgrimler, H. [1986]: *Karl Rahner verstehen*, Freiburg 1986 (HerBü 1192).

Wingendorf, E.: Das Dynamische in der menschlichen Erkenntnis, Bd. 1., Bonn 1939.
Zahlauer, A. [1996]: **Karl Rahner und sein „produktives Vorbild" Ignatius von Loyola,** Innsbruck 1996 (Innsbrucker theologische Studien; 47).

Personenregister

Adam, Karl 137
Anselm von Canterbury 94
Aristoteles 45, 49
Augustinus, Aurelius 57, 65, 94
Bajus, Michel 66
Balthasar, Hans Urs von 15, 21, 23, 45–47, 57–58, 73–74, 128–130, 138
Barth, Karl 44, 115
Baumann, Theodor 137
Biallowons, Hubert 138–139
Bleistein, Roman 135
Blondel, Maurice 17–20, 41–43, 90–92, 95, 119, 130, 138
Böckle, Franz 137
Bolzano, Bernhard 32
Bultmann, Rudolf 66
Chateaubriand, François-René 17
Congar, Yves 101
Coreth, Emerich 34, 138
Delgado, Mariano 60, 138
Delp, Alfred 74
Denzinger, Heinrich 7
Descartes, René 15, 46, 49, 130
Deutinger, Martin 32
Döpfner, Julius 99
Drey, Johann Sebastian 15
Ebeling, Gerhard 108–109, 138
Eisenhuth, Heinz-Erich 64, 139
Evagrius Ponticus 57
Faulhaber, Michael 134
Feiner, Johannes 137
Fichte, Johann Gottlieb 46, 119
Fries, Heinrich 45, 76, 122–123, 135, 138
Frings, Josef 100–101
Galli, Mario von 101

Geyser, Joseph 33
Gilson, Étienne 44
Greiner, Friedemann 51–52, 139
Greshake, Gisbert 84, 139
Grillmeier, Alois 100
Gröber, Conrad 63, 69
Guardini, Romano 14, 106
Günther, Anton 32
Hartmann, Nicolai 29
Hauer, Wilhelm 63
Hegel, Georg Wilhelm Friedrich 16, 19, 39
Heidegger, Martin 21, 28–30, 33, 35–36, 38, 43, 45, 53, 59, 63, 82, 90, 139
Hermes, Georg 32
Heyse, Hans 63
Hirscher, Johann Baptist 15
Hofbeck, Joseph 45
Honecker, Martin 30–31
Hünermann, Peter 7
Husserl, Edmund 46
Ignatius von Loyola 13, 24, 53–54
Imhof, Paul 29, 31–32, 135, 138–139
Irenäus von Lyon 80
Jäger, Lorenz 75
Jaspers, Karl 82, 139
Johannes XXIII. 99
Justin Martyr 41
Kant, Immanuel 16, 21, 25, 27, 30, 33, 37, 46, 49, 60, 102, 130
Kennedy, John F. 99
Kleutgen, Joseph 15
Klinger, Elmar 135–136
Kobusch, Theo 51, 139
König, Franz 100–101, 104
Krauss, Meinold 138

Krieck, Ernst 63
Küng, Hans 73, 119
Lange, Hermann 60
Lehmann, Karl 28, 110, 121, 136, 139
Levinas, Emmanuel 46
Lohfink, Gerhard 139
Lotz, Johann Baptist 25, 29, 31, 34, 138
Lubac, Henri 20, 90
Luther, Martin 65, 85
Lutz-Bachmann, Matthias 138
Mager, Alois 136
Maréchal, Joseph 21, 24–28, 34, 36, 38–39, 46, 50, 59, 120, 130, 139
Mayeur, Jean-Marie 139
Mensching, Gustav 51
Metz, Johann Baptist 34, 45, 50, 120, 130, 134–136, 139
Meuser, Elisabeth 135
Möhler, Johann Adam 15
Molin, G. 137
Moser, Simon 137
Müller, Max 25
Napoleon I. 17
Neufeld, Karl H. 16, 21, 41, 55, 63, 74, 87, 101, 136, 139
Newman, John Henry 20
Origenes 54, 136
Ottaviani, Alfredo 100
Otto, Rudolf 44
Pascal, Blaise 20, 59
Paulus 65
Philips, Gérard 100–101
Pius X. 98
Pius XII. 74, 76, 98
Prümm, Karl 41, 45
Przywara, Erich 32
Quinn, E. 45
Raffelt, Albert 55, 120, 136, 138–139
Rahner, Hugo 13, 29, 75, 135
Rahner, Karl sen. 13, 134
Rahner, Luise, 125, 135

Ratzinger, Joseph 101, 123, 137
Reventlow, Ernst zu, 63
Richard von Sankt Viktor 94
Rinser, Luise 7, 139
Robbers, H. 45
Rousselot, Pierre 20, 28
Rudolf, K. 65, 139
Salaverri, Joachim 102
Scheler, Max 51
Schelling, Friedrich Wilhelm Joseph von 119
Schmaus, Michael 58
Schöll, Friedrich 63
Schultz, Hans Jürgen 137
Schwerdtfeger, Nikolaus 60, 139
Semmelroth, Otto 100
Siebenrock, Roman 60, 136
Siewerth, Gustav 23
Simons, Eberhard, 139
Söhngen, Gottlieb 136
Soukup, Leopold 137
Spinoza, Benedikt 19
Stählin, Wilhelm 75
Staudenmaier, Franz Anton 15
Suenens, Léon-Joseph 87, 137
Taine, Hippolyt 19
Teilhard de Chardin, Pierre 20, 116
Thomas von Aquin 15–18, 24–25, 30, 33–41, 45, 49, 59, 62, 94
Thüsing, Wilhelm 116, 137
Treziak, Heinrich 135
Trütsch, Josef 137
Valensin, Auguste 92, 139
Verweyen, Hansjürgen 47, 138–139
Viller, Marcel 57, 134
Volk, Hermann 110
Volkelt, Johannes 22–23
Vorgrimler, Herbert 100–101, 104–105, 134–135, 137–139
Weger, Karl-Heinz 138
Wingendorf, Engelbert 25, 140
Wittstadt, Klaus 135–136
Wust, Peter 32
Zahlauer, Arno 21, 24, 140

Sachregister

Das Sachregister ist ein Auswahlregister. Verweisungspfeile sind sowohl im Sinne von „siehe" wie von „siehe auch" zu verstehen. Titel Rahnerscher Werke oder von ihm herausgegebener Schriften sind kursiv gedruckt. Die Aufsätze der Schriften zur Theologie sind – soweit besprochen – eigens angeführt. – Biographische Sachverhalte sind unter dem Stichwort „Biographie" bzw. unter Orten nachzusehen.

Allgemeiner Heilswille Gottes 60, 103
Anthropologie 43, 47–48, 93, 95–96, 111–112
Anonymer Christ 77, 79, 83, 92–93, 103
Apologetik 18, 41–42
Aszese und Mystik in der Väterzeit 57, 134
Auferstehung des Fleisches 88
Biographie 9, 13–16, 22, 28–29, 31, 41, 54, 63, 72, 75, 98, 106, 125, 134–135
Bußsakrament 72, 114
Chalkedon (Konzil) 94
Christliche Philosophie 43–44
Christologie 93–97, 111, 116–118
Concilium 73
Der Einzelne in der Kirche 70–71
Diakonat 105
Die Gliedschaft in der Kirche nach der Lehre der Enzyklika Pius' XII. „Mystici Corporis Christi" 75–79
Dogmatik 41, 73–74
Dogmatische Fragen des Konzils 103
Ein messalianisches Fragment über die Taufe 56
Einigung der Kirchen – reale Möglichkeit 76, 122
Einzelner 69–71
Ekklesiologie 80–81, 102 → Kirchengliedschaft

Endentscheidung 84
Entscheidung 67–69, 77–78, 80, 85
Erbsünde 66
Erfahrungen eines katholischen Theolgen 125–127
Erkenntnisdynamismus 28, 40
Erkenntnis(lehre) 23, 25–28, 34–40, 62
Erkenntnismetaphysik 34–40
Eschatologie 111, 114–115, 125–127 → Tod
Extrinsezismus 20, 89–90, 93
Ewiges Leben 125–127
Fegfeuer 85
Feldkirch 14
Frage, Fraglichkeit 34–35, 37
Frankreich 15, 17
Freiburg i.Br. 13–14, 31, 35, 54, 125
Freiheit 67, 77–79
Frömmigkeitsgeschichte 54–56
Fundamentaltheologie 41 → Hörer des Wortes
Geist in Welt 28–40, 78, 120, 134
Geistliche Sinne 24, 54–55
Geschichtlichkeit 45–46, 49–50
Gnade(nlehre) 48, 56–63, 115 → Natur und Gnade
Gott ist Mensch geworden 125
Gott Vater 116
Gottesbeziehung 69–70 → Gnade
Gotteserfahrung 24, 55–56, 62
Gotteserkenntnis, 40, 42, 113
Gotteslehre 113 → Trinität
Grundkurs der Theologie 108–110

Grundkurs des Glaubens 94–96, 106–119, 132
Handbuch der Pastoraltheologie 73, 121, 134
Heilige Kirche 80
Heilige Schrift 64–65, 111
Heiliger Geist 116
Hölle 84–85
Hörenkönnen 49–50
Hörer des Wortes 34, 40–51, 64, 75, 78, 120, 134
Innsbruck 31, 41, 54, 56–57, 61, 63, 72,
Internationale Dialog-Zeitschrift 73
Interpretation 29
Intersubjektivität 45–46, 69–70
Introduction au concept de philosophie existentiale chez Heidegger 29
Jesuiten 14–16, 20–21
Judentum 129–130
Kirche der Sünder 81
Kircheneinigung 76, 122–124
Kirchengliedschaft 75–80
Kirchenreform 121–122, 124
Kleines Konzilskompendium 105, 135
Kleines theologisches Wörterbuch 101, 134
Konkupiszenz 65–69
Kurzformel des Glaubens 107–108
Laie 68, 70
Leib Christi 79
Lexikon für Theologie und Kirche 73, 101, 134
Liebe 69–70, 91, 108, 117–118
Maria, Mutter des Herrn 88
Mariä Aufnahme in den Himmel 87–88
Mariologie 83, 85–88
Marxismus 72–73
Materialität 37
Menschwerdung Gottes 77, 79, 94–97
Metaphysik 38, 43, 46, 49

Modernismus 15, 20, 90, 128–129
Monophysitismus 94–95
München 14, 72, 106–107
Münster 57, 106–107
Mystik 55–56, 86, 124
Nächstenliebe → Liebe
Nationalsozialismus 63–64
Natur und Gnade 88–93
Naturwissenschaft 72
Neuplatonismus 67
Neuscholastik 15–16, 32–33, 61, 129
Nichts 35
Nouvelle théologie 90–91
Ökumenische Thoelogie 75–76, 88
Offenheit auf Offenbarung, 40–53, 89
Offenbarung 18, 42–48, 51–53, 89 → Privatoffenbarung
Pastoraltheologie 73, 104–105, 130
Paulus-Gesellschaft 72
Person 69, 77–78
Philosophie 17–50
Pluralität, Pluralismus 112, 120
Politische Theologie 120, 129
Privatoffenbarung 86–87
Probleme der Christologie heute 94
Quaestiones disputatae 73, 134
Quickborn 13–14
Reinkarnation 85
Religionsphilosophie 41–50
Religionstheologie 84
Sakramentalität 78–79, 84, 103–104, 111
Sankt Andrä 14
Schriften zur Theologie 73, 134–135
Schuld 111, 114–115
Schulphilosophie (katholische) 33
Schultheologie 16, 59, 61, 129
Schweigen Gottes 51–53
Seinsfrage 35–36
Selbstmitteilung Gottes 89, 91, 111
Sendung und Gnade 104, 134
Sinnlichkeit 37–38, 55
Sprachlichkeit 50

Strukturwandel der Kirche als Aufgabe und Chance 121, 135
Sündige Kirche 81
Synode der Bistümer in der BRD 120–121
Taufe 56
Theos im Neuen Testament 64–65
Transzendentale Theologie 22, 48–60, 80, 90, 130
Theologiestudium 108–109
Tod 70, 81–85, 126–127
Transzendentalphilosophie, 27–28, 48, 130
Transzendenz 23, 112–113
Trinität 65, 115–116
Über das Verhältnis von Natur und Gnade 91
Übernatürliches Existential 48–49, 80, 90–93
Universalität des Heils 60, 75–80, 103 → Anonymer Christ
Valkenburg 14
Vaticanum II (Konzil) 98–106

Visio beatifica 62
Visionen und Prophezeiungen 86
Volk Gottes 79
Volksfrömmigkeit 85
Vorgriff 38–40, 112
Vorkritisches Denken 25–26
Votum ecclesiae 76
Weihe des Laien zur Seelsorge 68–70, 81
Wien 63
Wille 19, 43, 66
Worte ins Schweigen 51–53
Zum theologischen Begriff der Konkupiszenz 65–68
Zur Reform des Theologiestudiums 108–109
Zur scholastischen Begrifflichkeit der ungeschaffenen Gnade 61–63
Zur Theologie der Menschwerdung 94
Zur Theologie des Konzils 101–103
Zur Theologie des Todes (1949) 70, 82–84, 90